Frases en inglés

PARA

DUMMIES

D1070037

Gail Brenner

Obra editada en colaboración con Centro Libros PAPF, S.L.U. – España

Edición publicada mediante acuerdo con Wiley Publishing, Inc.
© ...For Dummies y los logos de Wiley Publishing, Inc. son marcas
registradas utilizadas bajo licencia exclusiva de Wiley Publishing, Inc.

Traducción: Grupo Norma de América Latina

© 2010, Centro Libros PAPF, S.L.U.
Grupo Planeta
Avda. Diagonal, 662-664
08034 - Barcelona

Reservados todos los derechos

© 2011, Editorial Planeta Mexicana, S.A. de C.V.
Bajo el sello editorial CEAC M.R.
Avenida Presidente Masarik núm. 111, 2o. piso
Colonia Chapultepec Morales
C.P. 11570 México, D. F.
www.editorialplaneta.com.mx

Primera edición impresa en España: junio de 2010
ISBN: 978-84-329-2072-1

Primera edición impresa en México: mayo de 2011
Primera reimpresión: septiembre de 2011
ISBN: 978-607-07-0752-0

No se permite la reproducción total o parcial de este libro ni su
incorporación a un sistema informático, ni su transmisión en cualquier
forma o por cualquier medio, sea éste electrónico, mecánico, por
fotocopia, por grabación u otros métodos, sin el permiso previo y por
escrito de los titulares del *copyright*.
La infracción de los derechos mencionados puede ser constitutiva de
delito contra la propiedad intelectual (Arts. 229 y siguientes de la Ley
Federal de Derechos de Autor y Arts. 424 y siguientes del Código
Penal).

Impreso en los talleres de Offset Libra, S.A. de C.V.
Francisco I. Madero núm. 31, colonia San Miguel Iztacalco, México, D.F.
Impreso en México — *Printed in Mexico*

La autora

Gail Brenner empezó a hablar inglés en 1951, cuando pronunció su primera frase, "Baby go bye-bye". De ahí en adelante progresó rápidamente y a la edad de 6 años ya estaba enseñando su primera lección de inglés a una audiencia, siempre atenta, de muñecas.

Cierto tiempo después, al encontrarse por primera vez frente a un grupo real de estudiantes (e infinitamente más animado), se dio cuenta de que había encontrado su vocación. En los últimos quince años ha impartido cursos de inglés como segundo idioma, cursos de preparación para el examen TOEFL y también cursos de pronunciación, de escritura y muchos otros, a gente maravillosa de todo el mundo. Actualmente enseña en su *alma mater*, la Universidad de California en Santa Cruz (UCSC), donde se licenció en literatura inglesa y educación.

Sumario

● ● ● ● ● ● ● ● ● ● ● ● ● ● ● ● ●

Introducción

• • • • • • • • • • •

Aprender los fundamentos de un idioma es como abrir las puertas a la oportunidad y a la aventura. En estos tiempos, aprender a comunicarse en inglés, incluso a nivel básico, es bastante beneficioso.

Cada año aumenta el número de personas que habla inglés y, actualmente, una de cada seis personas en el mundo lo hace. Es el idioma que más personas han adoptado como su segunda lengua, y es el que se usa en la mayoría de las llamadas telefónicas internacionales, en el correo electrónico, en la informática y en el control del tráfico aéreo, por citar sólo unos ejemplos; a menudo es también el lenguaje común en los negocios y en el ámbito educativo y tecnológico.

Hablar inglés no se consigue por arte de magia, es una herramienta que puedes usar para ejecutar la tarea de comunicarte. Considera que cada habilidad o frase que descubres es una herramienta que guardarás en tu caja de herramientas del inglés. Cuando lo necesites, abre la caja y selecciona la herramienta apropiada para la situación, ya sea para hablar del pasado o para preguntar o expresar lo que te gusta o te disgusta, etc.

Ten en cuenta que en las relaciones cotidianas generalmente puedes expresarte con pocas palabras si conoces la estructura básica de la oración. Así que, ¡adelante!

Acerca de este libro

¿Por qué leer *Frases en inglés para Dummies*? ¿Puedes imaginarte viajando, viviendo o trabajando en un país de habla inglesa y conversando cómodamente con la gente de la localidad? ¿Hablar inglés es una de tus metas? ¿Es un pasatiempo o un requisito para un nuevo trabajo?

Cualquiera que sea el motivo para querer hablar inglés, *Frases en inglés para Dummies* te puede ayudar a empezar. Mi promesa no es que hablarás como un nativo cuando termines este libro, sino que podrás saludar y conocer gente, hacer preguntas simples, usar el teléfono, pedir la comida en los restaurantes, hacer compras en tiendas y mercados, resolver emergencias, invitar a salir a alguien... ¡y mucho más!

Éste no es un libro de capítulos tediosos que uno debe absorber página por página o una de esas clases a las que hay que arrastrarse dos veces por semana durante todo un semestre. *Frases en inglés para Dummies* es una experiencia diferente. Tú puedes fijar el ritmo de aprendizaje leyendo tanto o tan poco como desees; también puedes hojear las páginas del libro y detenerte en las secciones que llamen tu atención.

Nota: Si éste es tu primer contacto con el inglés, te recomendamos que comiences por los capítulos de la parte I para aprender algunos fundamentos de la gramática y la pronunciación antes de empezar otras secciones. Pero como tú eres quien manda, empieza por donde te apetezca.

Convenciones usadas en este libro

Con el fin de facilitar la lectura de este libro, he establecido algunas convenciones:

- ✔ Las letras **negritas** se usarán para frases o palabras en inglés con el fin de hacerlas más llamativas.

- ✔ Las letras *itálicas* o cursivas (letra inclinada) se usarán para mostrarte la sílaba tónica de las palabras o frases en inglés, siempre que no sean monosílabos, ya que siempre son tónicos.

Puesto que dos idiomas pueden expresar la misma idea o concepto de manera diferente, la traducción del inglés al español de algunas frases tal vez no sea literal. Hay circunstancias en las cuales mi intención es que captes la idea de lo que se ha dicho, no necesariamente el significado de cada palabra.

¿Quién eres tú?

Para escribir este libro tuve que presuponer ciertas cosas sobre ti, y sobre lo que esperas de un libro llamado *Frases en inglés para Dummies*. Éstas son algunas de mis conjeturas:

- ✔ No sabes nada de inglés o tuviste algunas clases en la escuela y se te ha olvidado la mayoría de lo que aprendiste. O sabes mucho inglés, pero te encanta leer los libros ...*para Dummies*.

- ✔ No deseas pasar muchas horas en clase y quieres aprender inglés a tu ritmo.

- ✔ Buscas un libro que sea agradable y rápido de leer, que te proporcione lo básico del vocabulario, la gramática y la información cultural, escrito en un estilo ligero.

- ✔ No esperas fluidez inmediata, pero desde este momento quisieras hacer uso de algunos términos y expresiones en inglés.

- ✔ Viste el título *Frases en inglés para Dummies* y despertó tu curiosidad.

Si alguna de estas posibilidades es correcta, ¡has encontrado el libro perfecto!

Iconos usados en este libro

En este libro encontrarás iconos en el margen izquierdo de algunas páginas. Estos iconos señalan datos importantes o particularmente informativos. He aquí qué significa cada uno:

Este icono destaca consejos que pueden ayudarte a hablar inglés con facilidad.

 Este icono sirve como recordatorio para que no olvides información importante.

 Este icono destaca algunas de las rarezas y excelencias gramaticales del inglés.

 Si buscas información cultural, este icono te presenta útiles e interesantes comentarios acerca de Estados Unidos. Gracias a este libro podrás familiarizarte con el inglés americano y la cultura de Estados Unidos.

¿Y ahora qué?

No tienes que leer este libro de principio a fin, léelo a tu gusto. Si prefieres la forma habitual, empieza por el capítulo 1; pero si prefieres hojearlo primero y concentrarte después en lo que más te interese, ¡pues adelante! ¿No sabes por dónde empezar? Empieza con *Frases en inglés para Dummies* y úsalo como pretexto para iniciar una conversación. Seguramente alguien te preguntará por el libro, y estarás hablando inglés ¡antes de darte cuenta! Cualquiera que sea tu método de lectura, te divertirás con este libro y a la vez aprenderás bastante inglés.

Capítulo 1

Pronunciación básica del inglés estadounidense

*U*na correcta pronunciación es la clave para evitar malentendidos y disfrutar de una buena conversación. Dominar la pronunciación del inglés lleva tiempo, así que ten paciencia y no te dés por vencido, ni dejes de reírte de ti mismo cuando cometas un error.

Este capítulo presenta los fundamentos para la pronunciación correcta de los numerosos sonidos de las vocales y consonantes y te muestra cuándo y dónde poner el acento (énfasis).

El alfabeto

Recitar el abecedario es un buen comienzo para practicar la pronunciación del inglés. La siguiente lista te ofrece las 26 **letters** (*le*-ters; letras) del **alphabet** (*al*-fa-bet; alfabeto) junto con la pronunciación de cada una de ellas.

a (ei)	**j** (yei)	**s** (es)
b (bi)	**k** (kei)	**t** (ti)
c (si)	**l** (el)	**u** (iu)
d (di)	**m** (em)	**v** (vi)
e (i)	**n** (en)	**w** (*do*-bul-iu)
f (ef)	**o** (o)	**x** (ex)
g (yi)	**p** (pi)	**y** (uai)
h (eich)	**q** (kiu)	**z** (dsi)
i (ai)	**r** (ar)	

Aunque el inglés tiene sólo 26 letras, ¡hay aproximadamente 44 sonidos diferentes! (y la manera de pronunciarlos puede variar ligeramente dependiendo del acento de cada región). Algunas letras tienen más de un sonido y algunas vocales pueden tener incluso varios sonidos. Así que descifrar cómo se pronuncian nuevas palabras puede ser un reto. (¡Y memorizar todo el diccionario inglés no es muy práctico!)

Las siguientes secciones te ofrecen algunas pistas y reglas útiles para dominar los sonidos del inglés. (No me refiero a los 44 sonidos, sólo señalo algunos de los problemáticos.)

Para una pronunciación clara y precisa en inglés, debes abrir la **mouth** (mauz; boca) y aflojar tus **lips** (lips; labios), la **jaw** (ya; mandíbula) y la **tongue** (tong; lengua). No seas tímido: mírate en el espejo mientras practicas, ¡y asegúrate de que tu boca se esté moviendo y estirando para que salgan sonidos claros y fuertes!

Pronunciación de las consonantes

Tal vez las **consonants** (*can*-so-nants; consonantes) del inglés se escriban igual que las consonantes de tu idioma —si hablas un idioma con raíces latinas o germánicas—, pero no suenan igual. Además, en inglés la consonante y puede funcionar también como vocal cuando aparece en palabras que no tienen ninguna otra vocal, como **by** o **try**.

Pronunciar claramente los sonidos de las consonantes en inglés no es magia; es algo mecánico. Si pones los labios y la lengua en la posición correcta y mueves la boca de una manera específica, ¡el sonido correcto sale como por arte de magia (al menos casi siempre)!

Dos tipos de consonantes: sonoras y sordas

La mayoría de los sonidos de las consonantes en inglés son **voiced** (voist; sonoros), lo cual quiere decir que debes usar la voz y colocar correctamente la boca para producirlos. Otros sonidos de consonantes son **voiceless** (*vois*-les; sordos), lo cual quiere decir que no usas las cuerdas vocales para pronunciarlos: el sonido sale como un murmullo.

Cada consonante sorda tiene su pareja sonora (una consonante que se articula en la boca exactamente igual que la sorda, pero a la que añades la voz). Por ejemplo, haz la **p** sorda que se produce juntando los labios y luego expulsando aire mientras produces el sonido. Debe sonar como un soplido o un murmullo. Para pronunciar su pareja sonora, la **b**, junta los labios en la misma posición que para la **p** y expulsa el aire, pero esta vez usa la voz mientras hablas. El sonido debe provenir del fondo de la garganta.

Las siguientes son parejas de consonantes sordas y sonoras:

Sorda	*Sonora*
f (f)	**v** (v)
k (k)	**g** (g fuerte)
p (p)	**b** (b)
s (s)	**z** (z como el zumbido de una abeja)
t (t)	**d** (d)
sh (ch suave, como si estuvieras arrullando a un bebé)	**ch** (ch)
th (como la z española)	**th** (como la d de "hada")

En las próximas secciones te doy más detalles para pronunciar sonidos sordos y sonoros. También te ofrezco algunas pistas para distinguir entre la **b** y la **v**, la **p** y la **f**, y la **l** y la **r**.

La problemática th

En inglés abunda la consonante **th**. De hecho, te puede sorprender que esta consonante no tenga sólo uno sino ¡dos sonidos! Por ejemplo:

✔ El sonido de la **th sonora** en las palabras **those** (dous; esos), **other** (*a*-der; otro) y **breathe** (brid; respirar) es profundo y necesita tu voz.

✔ El sonido de la **th sorda** en **thanks** (zanks; gracias), **something** (*som*-zin; algo) y **bath** (baz; baño) es suave como un murmullo y se pronuncia como la z española.

Cuando intentas decir la palabra **that** (dat; eso), ¿te sale **dat** (tat) o **zat** (zat)? O cuando tratas de decir la palabra **think** (zink; pensar), ¿te sale **tink** (tink) o **sink** (sink)?

Si tienes dificultades, no eres el único. El problema es que tu lengua se queda dentro de la boca, detrás de los dientes superiores. Debes sacarla un poco para hacer el sonido **th**. O puedes poner la punta de la lengua entre los dientes (¡pero no te muerdas!) y luego moverla hacia adentro mientras haces el sonido **th**.

Intenta pronunciar estas palabras que comienzan con el sonido grave **th sonoro**:

- ✔ **there** (der; allí)
- ✔ **these** (*di*-is; estos)
- ✔ **they** (dei; ellos)
- ✔ **this** (dis; este)
- ✔ **those** (dous; esos)

Ahora practica estas palabras que comienzan con el sonido suave **th sordo**:

- ✔ **thank you** (zank iu; gracias)
- ✔ **thing** (zing; cosa)
- ✔ **think** (zink; pensar)
- ✔ **thirty-three** (*zir*-ti zri; treinta y tres)
- ✔ **Thursday** (*zurs*-dei; jueves)

B y V

En inglés, los sonidos de la **b** y la **v** son tan distintos como el día y la noche. Tus labios y tu lengua deben hacer cosas completamente diferentes para producir estos dos sonidos. Es importante descifrar cómo pronunciarlos correctamente. No quedarías muy bien si dijeras **You are the vest** (iu ar da vest; eres el chaleco) cuando querías decir **You are the best** (iu ar da best; eres el mejor).

La manera más fácil de hacer que la **b** y la **v** suenen diferente es:

- ✔ Para la **b**, empieza con ambos labios juntos y luego ábrelos un poquito mientras expulsas el aire y haces el sonido. Asegúrate de usar tu voz; de otro modo, pronunciarías la **p**.

✔ Para hacer la **v**, presiona ligeramente los dientes superiores sobre el labio inferior (no dejes que los labios se toquen). Ahora haz el sonido. Usa tu voz; si no, te saldrá la **f**.

Mírate en el espejo mientras practicas estos dos sonidos para asegurarte de que tu boca está "cooperando".

Ensaya estas palabras que comienzan con la **b** y la **v**:

✔ **berry/very** (*be*-ri/*ve*-ri; mora/muy)

✔ **best/vest** (best/vest; el mejor/chaleco)

✔ **bite/invite** (bait/*in*-vait; morder/invitar)

✔ **boat/vote** (bout/vout; bote/votar)

Repite estas palabras y frases haciendo una distinción clara entre la **b** y la **v**:

✔ **I have a bad habit** (ai jav ei bad *ja*-bit; tengo un mal hábito).

✔ **Beverly is the very best driver** (*be*-vr-li is da *ve*-ri best *drai*-ver; Beverly es la mejor conductora).

✔ **Valerie voted for Victor** (*val*-e-ri *vo*-ted for *Vic*-tor; Valerie votó por Víctor).

✔ **Everybody loves November** (ev-ri-*ba*-di lovs no-*vem*-ber; a todos les gusta el mes de noviembre).

El sonido de la **p** en inglés es la versión sorda (o suave) de la **b**; el sonido **f** es una **v** sorda. Pronuncia la **p** y la **f** de la misma manera que harías la **b** y la **v**, pero sin usar la voz, solo con el aire.

L y R

¿Te es difícil notar la diferencia entre la **l** y la **r**? ¿A veces dices **alive** (a-*laiv*; vivo) cuando quieres decir

arrive (a-*raiv*; llegar), o dices **grass** (gras; hierba)
cuando quieres decir **glass** (glas; vidrio)?

La **l** y la **r** son sonidos muy distintos en inglés y tu
boca debe funcionar de manera diferente para producir cada sonido. Te mostraré cómo dentro de un
momento. Aunque tu idioma tenga la **l** y la **r**, puede
que sean un poquito diferentes de la **l** y la **r** del
inglés.

> En inglés, la doble **l** (o **ll**) y la doble **r** (o **rr**)
> se pronuncian exactamente de la misma
> manera que la **l** y la **r**.

Cómo producir claramente el sonido de la **l**:

1. **Pon la punta de la lengua en el paladar superior, detrás de los dientes.**

2. **Baja la mandíbula un poco y relaja los labios.**

3. **Ahora mírate en un espejo. ¿Puedes ver debajo
   de tu lengua? Si es así, bien; de lo contrario,
   baja la mandíbula un poco más.**

4. **Chasquea la lengua mientras haces el sonido.**

Como práctica, pronuncia estas palabras:

- ✔ **alive** (a-*laiv*; vivo)
- ✔ **glass** (glas; vidrio)
- ✔ **like** (laik; gustar)
- ✔ **telephone** (*te*-le-fon; teléfono)

Cuando el sonido de la **l** aparezca al final de una
palabra, mantén durante un momento más la lengua
detrás de los dientes superiores. Intenta pronunciar
estas palabras con la **l** al final:

- ✔ **little** (*li*-tel; pequeño)
- ✔ **sell** (sel; vender)
- ✔ **table** (*tei*-bul; mesa)
- ✔ **thankful** (*zank*-ful; agradecido)

Pronunciar el sonido de la **r** es un poco complicado porque requiere tener control sobre la lengua. He aquí cómo:

1. **Haz como si fueras a sorber un líquido de un vaso; estira los labios hacia adelante redondeándolos un poquito.**

2. **Enrosca ligeramente la punta de la lengua adentro de la boca.**

3. **No dejes que la punta de la lengua toque el paladar superior.**

Para practicar, repite estas palabras:

✔ **around** (a-*raund;* alrededor)

✔ **car** (car; coche)

✔ **read** (*ri*-id; leer)

✔ **write** (rait; escribir)

Ahora practica algunas palabras que tienen la **l** y la **r**:

✔ **real** (*ri*-al; verdadero)

✔ **recently** (*ri*-cent-li; recientemente)

✔ **relax** (ri-*lax*; relajar)

✔ **rock-and-roll** (rok-and-rol; música rock)

Cómo decir "Ah" y otras vocales

El idioma inglés tiene cinco vocales —**a, e, i, o, u,** y a veces la **y**—, ¡pero tiene alrededor de 15 sonidos diferentes formados con esas vocales! Desafortunadamente, el idioma tiene pocas reglas absolutas de ortografía y por eso no es posible mostrarte la pronunciación de las vocales y sus combinaciones en las palabras. Pero con un poco de práctica puedes aprender rápidamente a producir todos los diferentes sonidos.

Las vocales: a lo largo y a lo ancho

Los sonidos de las vocales en inglés están divididos más o menos en tres categorías: **short vowels** (chort vauls; vocales cortas), **long vowels** (long vauls; vocales largas) y **diphthongs** (*dip*-zongs; diptongos). La siguiente lista ilustra las diferencias generales entre las vocales cortas, las largas y los diptongos:

- ✔ **Vocales cortas:** Son más cortas y generalmente un poco más suaves que otras vocales. Un patrón ortográfico común para las vocales cortas es consonante + vocal + consonante. Por ejemplo: **can** (can; lata); **fun** (fon; divertido); **spell** (spel; deletrear); **with** (wiz; con).

- ✔ **Vocales largas:** Tienen una pronunciación más larga, frecuentemente más fuerte y con un tono más agudo que otras vocales. Un patrón ortográfico común para las vocales largas es vocal + consonante + -**e** final, como se puede ver en las siguientes palabras: **arrive** (a-*raiv*; llegar); **late** (leit; tarde); **scene** (*si*-in; escena); **vote** (vout; votar).

- ✔ **Diptongos:** Dos vocales que son pronunciadas como una sola sílaba. Cuando se pronuncia un diptongo en inglés, se comienza con el primer sonido y luego se desliza al segundo sonido sin detenerse. Pon más énfasis en el primer sonido, pero asegúrate de decir el segundo también. Intenta pronunciar los siguientes ejemplos: **boy** (boi; niño); **now** (nau; ahora); **say** (sei; decir); **time** (taim; tiempo).

La vocal a

En muchos idiomas la letra **a** se pronuncia **ah** como en **father** (*fa*-der; padre). Pero en inglés, la **a** pocas veces se pronuncia **ah**. Para saber cómo se pronuncia la a comúnmente, ten en cuenta las siguientes pistas:

- ✔ El sonido de la **a larga**, como en las palabras **ate** (eit; comió), **came** (keim; vino) y **day** (dei;

día), es un **diptongo**. Para pronunciar la a larga, empieza con el sonido **eh (e)** y termina con el sonido **i**, juntándolos suavemente.

✔ El sonido de la **a corta**, como en **cat** (cat; gato), **hand** (jand; mano) y **glass** (glas; vidrio), se hace abriendo la boca como si fueras a decir **ah**, pero manteniendo los labios en forma de sonrisa mientras produces el sonido.

✔ Otro sonido de la **a**, pronunciado **aw**, puede sonar como el sonido corto de la **o (ah)**, particularmente en algunas regiones. Para hacer la **aw** distinta de la **ah**, mantén los labios en la posición para decir **oh**, pero con la mandíbula hacia abajo. La ortografía común para el sonido **aw** es, por ejemplo **-aw**, **-alk**, **-ought** y **-aught**.

La vocal e

El sonido de la **e larga** frecuentemente se escribe de la siguiente manera: **be** (bi; ser o estar), **eat** (*i*-it; comer), **see** (*si*-i; ver) y **seat** (*si*-it; silla). Pronuncia el sonido de la **e larga** estirando para atrás los labios como cuando sonríes. Alarga el sonido, no lo recortes. Otras grafías del sonido de la **e larga** son **ie** y **ei**, como en **believe** (bi-*li*-iv; creer) y **receive** (ri-*si*-iv; recibir).

El sonido de la **e corta**, como en **ten** (ten; diez), **sell** (sel; vender) y **address** (*a*-dres; dirección), se consigue abriendo la boca un poquito y estirando los labios como en una pequeña sonrisa. La **e corta** frecuentemente se deletrea con las letras **ea**, como en **head** (jed; cabeza), **bread** (bred; pan) y **ready** (*re*-di; listo).

Practica los sonidos de la e larga y corta con las siguientes oraciones:

✔ **E larga: We see three green trees** (ui si zri *gri*-in *tri*-is; vemos tres árboles verdes).

✔ **E corta: Jenny went to sell ten red hens** (*je*-ni uent tu sel ten red jens; Jenny fue a vender diez gallinas rojas).

✔ **Ambos sonidos: Please send these letters** (*pli*-is send dis *le*-ters; por favor manda estas cartas).

La vocal i

La **i larga** es un **diptongo**. Para hacer este sonido, comienza diciendo **ah** y termina diciendo **i**, suavemente y juntando los sonidos, como en **time** (taim; tiempo), **like** (laik; gustar) y **arrive** (a-*raiv*; llegar). Este sonido se deletrea de otras maneras, como en las palabras **height** (jait; altura), **fly** (flai; mosca), **buy** (bai; comprar), **lie** (lai; mentira) y **eye** (ai; ojo).

El sonido de la **i corta**, como en **it** (it; ello), **his** (jis; su), **this** (dis; este), **bill** (bil; cuenta) y **sister** (*sis*-ter; hermana), se obtiene relajando los labios, abriendo un poco la boca y manteniendo la lengua en una posición baja dentro de la boca. (Si tu lengua se levanta demasiado, la **i corta** sonará como **ee**.)

Que no te extrañe la reacción de la gente si no haces una distinción clara entre la **i corta** (como en **it**) y la **e larga** (como en **eat**). No digas **I need to *live* now** (ai nid tu liv nau; necesito vivir ahora) cuando lo que quieres decir es **I need to *leave* now** (ai nid tu *li*-iv nau; necesito salir ahora). ¡Y evita decir **Give me the keys** (giv mi da *ki*-is; dame las llaves) cuando en realidad quieres decir **Give me a kiss** (giv mi ei kis; dame un beso)!

La vocal o

La letra **o** es prácticamente la misma en casi todas las partes del mundo, aunque la **o** del inglés puede variar un poco de la del español. El sonido de la **o larga**, como en las palabras **rode** (roud; montó), **joke** (youk; broma), **phone** (foun; teléfono) y **home** (joum; hogar), es en realidad un poco más largo y acaba en **u**. Cuando pronuncies la **o larga**, alárgala. Además del patrón ortográfico **o** + consonante + **e** final, el sonido de la **o larga** se deletrea de varias maneras más, tal como **no** (nou; no), **toe** (tou; dedo del pie), **sew** (sou; coser), **know** (nou; saber), **dough** (dou; masa) y **boat** (bout; bote).

El sonido de la **o corta**, pronunciado **ah**, aparece generalmente entre dos consonantes, como en las palabras **hot** (jot; caliente), **stop** (stop; alto), **a lot** (a lot; mucho) y **dollar** (*do*-ler; dólar). Instintivamente querrás decir **oh** cuando veas la letra **o**, pero acuérdate de que cuando aparece entre consonantes, la **o** casi siempre suena como **ah**.

Dos letras **o** juntas **(oo)** crean dos sonidos más de vocales. Las palabras **moon** (*mu*-un; luna), **choose** (*chu*-us; escoger) y **food** (*fu*-ud; comida) se pronuncian con el sonido de la **u larga** (ve a la próxima sección). Pero las palabras **good** (gud; bueno), **cook** (cuk; cocinar), **foot** (fut; pie) y **could** (cud; podía) tienen un sonido diferente. Para pronunciar este sonido, pon los labios como si fueras a sorber de un vaso y mantén la lengua en una posición baja dentro de la boca.

Intenta decir esta oración: **I would cook something good if I could** (ai *u*-ud cuk *som*-zing gud if ai cud; cocinaría algo bueno si pudiera).

 ¡Don't put your foot in your mouth! (dount put ior fut in ior mouz; ¡no te metas el pie en la boca!). Éste es un dicho que equivale a "en boca cerrada no entran moscas". Confundir las palabras **food** y **foot** es un error muy fácil de cometer. Evita decir **This *foot* tastes good** (dis fut teists gud; este pie sabe bien) o **I put my *food* in my shoe** (ai put mai fud in mai chu; puse mi comida en mi zapato).

La vocal u

En inglés, el sonido de la **u larga** se alarga de verdad. Las siguientes palabras tienen el sonido de la **u larga**: **June** (*yu*-un; junio), **blue** (*blu*-u; azul) y **use** (*iu*-us; usar). Además, este sonido se deletrea de las siguientes maneras: **do** (*du*-u; hacer), **you** (*iu*; tú), **new** (*nu*-u; nuevo), **suit** (*su*-ut; traje), **through** (*zru*-u; entre) y **shoe** (*chu*-u; zapato).

El sonido de la **u corta** es el sonido de vocal más común en inglés. Para producirlo, abre la boca un poquito, relaja los labios y mantén baja la lengua. Si abres demasiado la boca, dirás **ah**. Las siguientes palabras tienen el sonido de la **u corta: up** (op; arriba), **bus** (bos; autobús), **much study** (moch *sto*-di; mucho estudio), **under** (*on*-der; abajo) y **suddenly** (*so*-den-li; de repente).

Cómo mantener el ritmo

El ritmo y la musicalidad de un idioma le dan vida y carácter; además, son los responsables de que el inglés suene como inglés y el español como español. El ritmo del inglés se determina por el *patrón de acentuación*, es decir, por el énfasis (o entonación) dado a una palabra o a una sílaba. Descubrir cómo usar el ritmo y el énfasis en inglés puede mejorar mucho la pronunciación y disminuir el acento extranjero. Aun sin una pronunciación perfecta, es posible entender de qué se habla (y lo que alguien está diciendo) si se capta el ritmo del inglés. Las siguientes secciones te introducen en el ritmo del inglés y en los patrones de acentuación que mantienen el ritmo.

Tamborilear el ritmo

Mantener el ritmo del inglés es fácil. Pronuncia un toque no acentuado seguido por un toque acentuado, como en la siguiente oración: The **cats** will **eat** the **mice** (da cats wel it da mais; los gatos se comerán a los ratones). Mientras lees las siguientes oraciones, mantén un ritmo regular dando un golpecito con el pie por cada palabra subrayada para que cada golpe represente la sílaba acentuada:

For **Eng**-lish **rhy**-thm, **tap** your **feet** (for *ing*-lich *ri*-dom, **tap** ior *fi*-it; para el ritmo del inglés, zapatea).

Fast or **slow**, just **keep** the **beat** (**fast** or **slou**, yost *ki*-ip da *bi*-it; rápido o lento, sólo manten el ritmo).

Ahora trata de mantener el ritmo en las siguientes oraciones mientras zapateas (no olvides acentuar las sílabas subrayadas):

Cats eat mice (cats *i-it* mais; los gatos comen ratones).

The cats will eat the mice (da cats uil *i-it* da mais;
los gatos se comerán a los ratones).

Si una oración tiene varias sílabas no acentuadas muy
juntas, tienes que acelerar (un poquito) para mantener el ritmo. Inténtalo con la siguiente oración, sin
cambiar el ritmo:

The cats in the yard are going to eat up the mice
(da cats in da iard ar go-ing tu *i-it* op da mais; los
gatos en el jardín se van a comer a los ratones).

Énfasis en las palabras importantes

¿Cómo sabes qué palabras acentuar en inglés?
¡Acentúa las más importantes! Dicho de otra manera,
acentúa las palabras que comunican la información
esencial de la oración.

Acentúa las siguientes palabras:

- ✔ adjetivos
- ✔ adverbios
- ✔ verbos principales
- ✔ partículas interrogativas
- ✔ negativos
- ✔ sustantivos

Pero no acentúes estas palabras:

- ✔ artículos
- ✔ verbos auxiliares (a menos que estén al final de
  una oración)
- ✔ conjunciones
- ✔ preposiciones
- ✔ pronombres (generalmente)
- ✔ el verbo to be (tu bi; ser o estar)

El capítulo 2 contiene más información acerca de los términos gramaticales mencionados en las listas anteriores.

Intenta pronunciar estas oraciones mientras mantienes un tono regular, y acentúa las palabras o las sílabas subrayadas:

✔ **Where** can I **find** a **bank**? (*jueir* can ai *faind* ei *bank*; ¿dónde puedo encontrar un banco?)

✔ I'd **like** to **have** some **tea**, **please** (aid *laik* tu *jav* som *ti-i*, *pli-is*; me gustaría tomar un poco de té, por favor).

✔ I **need** to **see** a **doc**tor (ai *ni-id* tu *si-i* ei *dok*-ter; necesito ver a un médico).

Cómo acentuar las sílabas correctas

No desesperes tratando de decidir qué sílaba acentuar en una palabra (o dónde poner el énfasis). Aunque al principio la identificación de la sílaba acentuada puede parecer un juego de azar, algunos patrones pueden ayudarte a acentuar las palabras sin tanto estrés. ¡Te lo prometo! Las siguientes reglas y pistas pueden ayudarte a entender cómo acentuar palabras y por qué puede variar el patrón de acentuación.

¿Te desconcierta el acento vago en palabras como **mechanize**, **mechanic** y **mechanization** (*mec*-a-nais; mecanizar, me-*ca*-nic; mecánico, me-ca-ni-*sei*-chon; mecanización)? El *sufijo* (terminación) de muchas palabras determina el patrón de acentuación. La terminación también puede indicar si la palabra es un sustantivo, un verbo o un adjetivo (¡eso ya es adicional!). Aquí tienes algunas guías que debes seguir:

✔ Los sustantivos que terminan en **-ment**, **-ion/-cion/-tion**, **-ian/-cian/-sian** e **-ity** se acentúan en la sílaba anterior al sufijo, como en las siguientes palabras: **enjoyment** (en-*yoi*-ment; placer), **opinion** (o-*pin*-ion; opinión), **reservation** (re-ser-*vei*-chon; reservación), **possibility** (po-si-*bil*-i-ti; posibilidad).

✔ Los adjetivos que terminan en -tial/-ial/-cial, -ual, -ic/-ical, y -ious/-eous/-cious/-uous se acentúan en la sílaba anterior al sufijo, como en las siguientes palabras: **essential** (i-*sen*-chul; esencial), **usual** (*iu*-yul; usual), **athletic** (az-*le*-tic; atlético), **curious** (*kiur*-i-os; curioso).

✔ Los verbos que terminan en -ize, -ate y -ary se acentúan en la penúltima sílaba antes del sufijo, como en las siguientes palabras: **realize** (*ri*-a-lais; darse cuenta), **graduate** (*grad*-yu-eit; graduarse), **vocabulary** (vo-*ca*-biu-le-ri; vocabulario).

Los ejemplos de esta sección te presentan algunos patrones generales de acentuación útiles para hacer una aproximación sistemática a la pronunciación de una palabra. Estos ejemplos no representan reglas definitivas. No debes confiar totalmente en ellos (ni siquiera en un noventa y ocho por ciento de las veces), pero puedes usarlos como referencia cuando no sepas cómo acentuar una palabra.

✔ Muchos sustantivos de dos sílabas se acentúan en la primera. Si no estás seguro de cómo acentuar un sustantivo de dos sílabas, acentúalo en la primera y es muy probable que esté bien así. Las siguientes palabras son algunos ejemplos: **English** (*ing*-lich; inglés), **music** (*miu*-sic; música), **paper** (*pei*-per; papel), **table** (*tei*-bul; mesa).

✔ Acentúa la raíz de la palabra, no el prefijo ni el sufijo, en la mayoría de los verbos, adjetivos y adverbios. Por ejemplo: **dislike** (dis-*laik*; desagradar), **lovely** (*lov*-li; lindo), **redo** (ri-i-*du*; hacer nuevamente), **unkind** (on-*kaind*; descortés).

✔ Acentúa la primera palabra en la mayoría de los sustantivos singulares compuestos por dos o más sustantivos que tienen significados diferentes como palabras individuales. Por ejemplo: **ice cream** (*ais*-cri-im; helado), **notebook** (*nout*-buk; libreta), **sunglasses** (*son*-glas-es; gafas de sol), **weekend** (*wi*-ik-end; fin de semana).

Palabras para recordar

alphabet	al-fa-bet	alfabeto
letter	le-ter	letra
consonant	can-so-nant	consonante
short vowel	short va-ul	vocal corta
long vowel	long va-ul	vocal larga
dipthong	dip-zong	diptongo
voiced	voist	sordo
voiceless	vois-les	sonoro

Capítulo 2

Directo al grano: la gramática básica inglesa

. . . .

En este capítulo

▶ Construcción de una oración simple

▶ Formación de preguntas

▶ Uso de sustantivos, verbos, adjetivos y adverbios

▶ El pasado, el presente y el futuro

▶ Los artículos

. . . .

¿**L**eer la palabra "gramática" te produce alergia o te incita a guardar este libro para otro día? Te comprendo. No dejes que este capítulo interfiera con tus buenos propósitos de aprender el inglés, porque no te voy a agobiar con reglas gramaticales agotadoras ni con montones de excepciones a las reglas. Al contrario, te proporcionaré los elementos esenciales para ayudarte a comprender el inglés.

Construcción de oraciones simples

Crear una oración simple en inglés puede ser tan fácil como contar 1, 2, 3, si tienes en cuenta que está formada por tres partes básicas.

Las tres partes básicas son:

✔ **subject** (*sob*-yect; sujeto)

✔ **verb** (vurb; verbo)

✔ **object** (*ob*-yect; complemento)

El **subject** de una oración puede ser un **noun** (naun; sustantivo) o un **pronoun** (*pro*-naun; pronombre), el **verb** puede estar en presente, pasado o futuro, y **object** es el término general para el resto de la oración.

Construir una oración en inglés es como usar una fórmula matemática. Aquí está la fórmula con la que puedes formar una oración simple: **subject + verb + object**. Un ejemplo de esta estructura es:

I speak English (ai *spi-ik ing*-lich; hablo inglés).

Formación de oraciones negativas

Claro, tal vez no desees hablar siempre en modo afirmativo, así que también necesitas saber cómo formar una oración negativa. La siguiente lista te presenta tres maneras simples de formar oraciones negativas usando la palabra **not** (not; no):

✔ Agrega **not** a una oración simple *después* del verbo **to be: English is *not* difficult** (*ing*-lich is not *di*-fi-colt; el inglés no es difícil).

✔ Agrega **do not** o **does not** *antes* de los verbos que no sean **to be: She does not like hamburgers** (chi dos not laik *jam*-bur-gurs; a ella no le gustan las hamburguesas).

✔ Agrega **cannot** *antes* de los verbos para expresar incapacidad: **I cannot speak Chinese** (ai *can*-not *spi-ik* chai-*nis*; no sé hablar chino).

No y not

En tu idioma natal se usa la palabra **no** (nou; no), que en inglés corresponde a **not**. Aunque en inglés no debes decir **no** antes del verbo, como en **I no like**

hamburgers (ai nou laik *jam*-bur-gurs; yo no gustar las hamburguesas), sin embargo, sí puedes hacer que ciertas oraciones sean negativas si usas **no** antes de un *sustantivo*. Los siguientes ejemplos te muestran dos maneras de decir la misma oración negativa:

✔ I *do not* **have a car** (ai du not jav a car; no tengo coche).

✔ I **have** *no* **car** (ai jav nou car; no tengo coche).

Uso de contracciones

Si quieres sonar como un nativo y hacer que los demás te entiendan, usa contracciones cuando hables. Las itálicas son el fenómeno por el que dos palabras —como **I am** (ai em; yo soy o estoy)— se juntan para formar una sola, abreviándose al desaparecer una de sus letras; por ejemplo: **I'm** (aim; yo soy o estoy).

Algunas de las contracciones más comunes del verbo **to be** son:

✔ **you are** (iu ar; tú eres o estás) → **you're** (ior; tú eres o estás)

✔ **he is** (ji is; él es o está) → **he's** (jis; él es o está)

✔ **she is** (chi is; ella es o está) → **she's** (chis; ella es o está)

✔ **it is** (it is; él/ella/esto/aquello es o está) → **it's** (its; él/ella/esto/aquello es o está)

✔ **we are** (wi ar; nosotros somos o estamos) → **we're** (wir; nosotros somos o estamos)

✔ **they are** (dei ar; ellos son o están) → **they're** (deir; ellos son o están)

Para las expresiones negativas casi siempre se emplean contracciones. Las siguientes son las más comunes. Observa, sin embargo, que no presento una contracción para **am not** (am not; no soy o estoy) porque no existe. En lugar de eso se dice **I'm not** (aim not; no soy o estoy), formando la contracción con las palabras **I** y **am**:

✔ **he is not** (ji is not; él no es o está) → **he isn't** (ji is-ent; él no es o está)

✔ **you are not** (iu ar not; tú no eres o estás) → **you aren't** (iu arnt; tú no eres o estás)

✔ **I do not** (ai du not; yo no + verbo) → **I don't** (ai dount; yo no + verbo)

✔ **he does not** (ji dous not; él no + verbo) → **he doesn't** (ji *dous*-ent; él no + verbo)

✔ **I cannot** (ai can-not; no puedo) → **I can't** (ai cant; no puedo)

En Estados Unidos la gente usa la contracción negativa **don't have** (dount jav; no tengo) o **doesn't have** (*dos*-ent jav; no tiene) en lugar de **haven't** (*jav*-ant; no tengo) cuando el verbo principal es **have** (jav; tener). Escucharás la oración **I don't have a car** (ai dount *jav* a car; no tengo coche) mucho más frecuentemente que la versión inglesa **I haven't a car** (ai *jav*-ant a car; no tengo coche).

Preguntas y más preguntas

Formular una pregunta en un idioma nuevo parece una hazaña, pero aquí te mostraré algunas formas fáciles de construir diversas preguntas.

Las preguntas "to be"

Las preguntas con el verbo **to be** son muy comunes, como **Are you hungry?** (ar iu *jan*-gri; ¿tienes hambre? Ve a la sección "Los verbos: comunicar acciones, sentimientos y estados", más adelante en este capítulo, para obtener más información sobre el uso del verbo **to be**.) Las preguntas **to be** empiezan con una forma del verbo **to be**, seguida por el sujeto de la oración. Las siguientes oraciones muestran ese patrón:

✔ **Is she your sister?** (is chi ior *sis*-ter; ¿es ella tu hermana?)

✔ **Are they American?** (ar dei a-*mer*-i-can; ¿son ellos americanos?)

Una manera fácil de recordar cómo formar este tipo de preguntas consiste en imaginar una afirmación como: **You *are* my friend** (iu ar mai frend; tú eres mi amigo). Luego, basta invertir el sujeto y el verbo **to be**, así: *Are* **you my friend**? (ar iu mai frend; ¿eres mi amigo?)

Las preguntas "to do"

Otro tipo de pregunta muy común comienza con **do** (du; hacer). Muchas veces se usa la palabra **do** o **does** para comenzar una pregunta cuando el verbo principal no es **to be**, como en *Do you speak* **English**? (du iu spi-ik *ing*-lich; ¿hablas inglés?). Usa **do** con **I, you, we** y **they**; usa **does** con **he, she** e **it**.

Formular una pregunta con **to do** es muy fácil. Basta con poner la palabra **do** o **does** delante de la afirmación y *voilà,* ¡tienes una pregunta! Bueno, casi. También debes cambiar el verbo principal al infinitivo, como en los siguientes ejemplos:

He speaks my language (ji *spi-iks* mai *lang*-uiy; él habla mi idioma).	*Does* **he speak my language?** (das ji *spi-ik* mai *lang*-uiy; ¿él habla mi idioma?)
You love me! (iu lov mi; ¡me amas!)	*Do* **you love me?** (du iu lov mi; ¿me amas?)

Para formular una pregunta en pasado, usa **did** (did; hizo) —el pasado de **do**— y el verbo principal en el infinitivo; por ejemplo: **Did she read this book?** (did chi rid dis buk; ¿ella leyó este libro?). En el siguiente ejemplo puedes ver cómo se formula una pregunta con una afirmación en pasado:

You *liked* the movie (iu laikd da mu-vi; te gustó la película).	*Did* **you *like* the movie?** (did iu laik da *mu*-vi; ¿te gustó la película?)

Las preguntas what, when, where y why

Igual que en español, para formular muchas de las preguntas del inglés se necesita una partícula interrogativa: qué, dónde, cuándo, etc. A las preguntas que comienzan con estas palabras a veces se les conoce como **information questions** (in-for-*mei*-chion *kwest*-chions; preguntas de información) porque la respuesta suministra información específica. He aquí algunas de las partículas interrogativas más comunes:

- ✔ **what** (juat; qué)
- ✔ **when** (juen; cuándo)
- ✔ **where** (juer; dónde)
- ✔ **who** (ju; quién)
- ✔ **why** (juai; por qué)
- ✔ **how** (jau; cómo)
- ✔ **how much** (jau mach; cuánto)
- ✔ **how many** (jau *me*-ni; cuántos)

Muchas oraciones interrogativas se forman simplemente añadiendo una partícula interrogativa a una pregunta **to be** o **to do**. Veamos ejemplos:

Is she crying?
(is chi *crai*-in;
¿está llorando?)

Why **is she crying?**
(juai is chi *crai*-in;
¿por qué está llorando?)

Do you love me?
(du iu lov mi;
¿me amas?)

How **much do you love me?**
(jau mach du iu lov mi;
¿cuánto me amas?)

En las siguientes oraciones interrogativas, fíjate en el tipo de información que se solicita:

What **is your name?**
(juat is ior neim;
¿cómo te llamas?)

My name is *Sara*
(mai neim is *se*-ra;
me llamo Sara).

Where do you live?
(juer du iu liv;
¿dónde vives?)

I live on *Mission Street*
(ai liv an *mi*-shan strit;
vivo en la calle Mission).

When is the concert?
(juen is da *con*-srt;
¿cuándo es el concierto?)

It's tonight at *8:00 p.m.*
(its tu-*nait* at eit pi em;
es esta noche a las 8:00).

How much does it cost?
(jau mach dos it cost;
¿cuánto cuesta?)

It costs *20 dollars*
(it costs *tuen*-ti *dol*-ers;
cuesta 20 dólares).

Why are you going?
(juai ar iu ga-ing;
¿por qué vas?)

Because I like the band
(bi-*cos* ai laik da band;
porque me gusta el
grupo).

Who is going with you?
(ju is *go*-ing wiz iu;
¿quién va contigo?)

You are!
(iu ar;
¡vas tú!)

Puedes preguntar muchas cosas más si añades una palabra específica *después* de la palabra interrogativa **what.** Echa un vistazo a las siguientes preguntas (y respuestas, sólo por diversión):

What day is it?
(juat dei is it;
¿qué día es?)

Saturday
(*sa*-tur-dei; sábado).

What school do you
attend?
(juat scul du iu a-*tend*;
¿a qué escuela vas?)

Mills College
(milz *cal*-ey;
a la Universidad Mills).

Los sustantivos: personas, lugares y cosas

En inglés, como en español, los *sustantivos* pueden ser personas (como Einstein y la tía Susana), lugares (como el Gran Cañón y España) o cosas (como libros o circunstancias generales). Los sustantivos pueden ser singulares o plurales.

En inglés, los sustantivos no son ni **masculine** (*mas-cu-len*; masculinos) ni **feminine** (*fe-me-nen*; femeninos). Esto facilita el inglés. ¡Y ésa sí que es una buena noticia!

Ahora volvamos a los plurales. En inglés, los sustantivos son **singular** (*sin-guiu-lar*; singulares) o **plural** (*plu-*ral; plurales). Por ejemplo: tal vez tienes un **boyfriend** (*boi-*frend; novio) o ¡muchos **boyfriends** (*boi-*frends; novios)! La terminación común para la mayoría de los sustantivos en plural es **-s** o **-es**, aunque algunos sustantivos tienen terminaciones "rebuscadas". Aquí tienes algunas reglas útiles para formar los plurales:

- ✔ Agrega **-s** a la mayoría de los sustantivos que terminan en vocal o consonante, como en: **days** (dais; días) o **words** (uerds; palabras).

- ✔ Para los sustantivos que terminan en una consonante **consonant + y**, omite la **-y** y añade **-ies**, como en: **parties** (*par-*tis; fiestas) o **stories** (*sto-*ris; cuentos).

- ✔ Agrega **-es** a los sustantivos que terminan en **-s**, **-ss**, **-ch**, **-sh**, **-x** y **-z**. Por ejemplo: **buses** (*bos-*es; autobuses), **kisses** (*kis-*es; besos) o **lunches** (*lounch-*es; almuerzos).

- ✔ Para los sustantivos que terminan en **-f** o **-fe**, cambia la terminación a **-ves**. Por ejemplo: **half** (jaf; mitad) → **halves** (javs; mitades) o **life** (laif; vida) → **lives** (laivs; vidas).

- ✔ Algunos sustantivos tienen la misma forma en singular y en plural, como en **fish** (fish; peces) o **sheep** (*shi-*ip; ovejas).

- ✔ Algunos sustantivos son completamente diferentes en plural. Por ejemplo: **foot** (fut; pie) → **feet** (*fi-*it; pies), **man** (man; hombre) → **men** (men; hombres), **person** (*pr-*san; persona) → **people** (*pi-*pol; gente) o **woman** (*ua-*man; mujer) → **women** (*ui-*men; mujeres).

You y I: los pronombres personales

Los **pronouns** (*pro*-nauns; pronombres) son mara-
villosos. Aunque estas palabras son cortas, pueden
valer su tamaño en oro cuando sustituyen al sujeto.
El uso de los pronombres en inglés es probablemente muy parecido al uso que se les da en español.

Subject pronouns (*sab*-yect *pro*-nauns; pronombres
personales) son pronombres que sustituyen al *sujeto*
de una oración. Aquí tienes los pronombres personales:

- ✔ **I** (ai; yo)
- ✔ **You** (iu; tú, usted o ustedes)
- ✔ **He** (ji; él)
- ✔ **She** (chi; ella)
- ✔ **It** (it; esto o aquello, aunque no existe traduc-
ción cuando es sujeto gramatical de verbos y
frases impersonales)
- ✔ **We** (ui; nosotros)
- ✔ **They** (dei; ellos)

El inglés tiene solamente una forma **you** y no
es necesario distinguir entre un **you** formal
y un **you** informal, como en muchos otros
idiomas. De modo que es perfectamente res-
petuoso usar **you** en situaciones formales e
informales.

Observa las siguientes parejas de oraciones y fíjate
en cómo se sustituye el sujeto con el pronombre en la
segunda:

Tommy went to Mexico   **He went to Mexico**
(*ta*-mi went tu spein;   (ji went tu spein;
Tommy fue a México).   él fue a México).

Paola lives there
(pao-la livs der;
Paola vive allí).

She lives there
(chi livs der;
ella vive allí).

Spain is a great country
(spein is ei greit *con*-tri;
España es un gran país).

It is a great country
(it is ei greit *can*-tri;
es un gran país).

Tommy and Paola are friends
(*ta*-mi and *pao*-la ar frends; Tommy y Paola son amigos.)

They are friends
(dei ar frends;
ellos son amigos).

Los pronombres tú (Ud., o Uds.) y yo juntos es igual a **we**. Siempre que el sujeto incluya tú (Ud., o Uds.), yo y otras personas, se usa el pronombre **we**, no **they**. Por ejemplo:

Joan and I are sisters
(yoan and ai ar *sis*-trs;
Joan y yo somos herma-nas).

We are sisters
(wi ar *sis*-trs;
somos hermanas).

My wife, kids, and I took a vacation
(mai waif kids and ai tuk ei vei-*quei*-chn; mi esposa, mis hijos y yo tomamos unas vaca-ciones).

We took a vacation
(wi tuk ei vei-*quei*-chn;
tomamos unas vacacio-nes).

Dentro de poco tiempo estarás usando los pronom-bres personales como un experto. No olvides, sin embargo, los siguientes consejos:

✔ No omitas el pronombre personal. A diferencia de los verbos en otros idiomas, en el inglés, el verbo por sí solo necesariamente no indica ni la cantidad ni el género del sujeto, así que debes incluir el sujeto.

✔ He aquí una excepción: se puede omitir el pro-nombre personal en frases imperativas si el sujeto se *entiende* como **you**, por ejemplo: **Come**

here (com *ji-ar*; ven aquí), **Sit down** (sit daun; siéntate) y **Help!** (jelp; ¡socorro!)

✔ Usa el pronombre **it** para referirte a un animal o cosa. Pero si conoces el sexo del animal, puedes usar **he** o **she**. Por ejemplo, si sabes que Molly es gata, puedes decir *She's* **very affectionate** (shis *ve*-ri a-*fec*-chn-et; ella es muy cariñosa).

✔ Usa el pronombre **they** también para animales y cosas. Por ejemplo: si compras dos libros, puedes decir **They are interesting** (dei ar *in*-tr-est-ing; ellos son interesantes).

Los pronombres y los adjetivos posesivos

El *posesivo* te ayuda a identificar a quién pertenecen las cosas. Los **possessive adjectives** (po-*ses*-iv *ad*-yec-tivs; adjetivos posesivos) se anteponen al sustantivo e indican propiedad, es decir, describen a quién o a qué pertenece el sustantivo. He aquí los adjetivos posesivos:

✔ **my** (mai; mi o mis)

✔ **your** (ior; tu, tus, su, o sus)

✔ **her** (jer; su o sus)

✔ **his** (jis; su o sus)

✔ **its** (its; su o sus)

✔ **our** (aur; nuestro, nuestra, nuestras o nuestros)

✔ **their** (der; su o sus)

En inglés, los adjetivos posesivos (como cualquier otro adjetivo) no cambian si los sustantivos están en singular o en plural, tal como verás en las frases siguientes:

✔ **These are** *her* **bags** (*di*-is ar jer bags; éstas son sus maletas).

✔ **This is** *her* **suitcase** (dis is jer *su*-ut-keis; ésta es su maleta).

No olvides que se usa un adjetivo posesivo que se refiere al dueño, no a la persona ni al objeto poseído. En otras palabras, si el dueño es una mujer, usa la palabra **her** para indicar posesión, aun cuando el objeto que posea sea de género masculino. Observa los siguientes ejemplos:

✔ **Nettie travels with** *her* **husband** (*ne*-ti *tra*-vels uiz her *jos*-band; Nettie viaja con su marido).

✔ *His* **wife made a reservation** (jis uaif meid ei re-ser-*vei*-chion; su esposa hizo la reservación).

Los **possessive pronouns** (po-*ses*-iv *pro*-nauns; pronombres posesivos) y los adjetivos posesivos enfáticos indican a quién o a qué pertenece un sustantivo previamente mencionado. Los pronombres posesivos se encuentran al principio o al final de una oración y pueden ser el sujeto o el objeto. He aquí los adjetivos posesivos enfáticos y los pronombres posesivos:

✔ **mine** (main; (el) mío o (la) mía)

✔ **yours** (iors; (el) tuyo, (la) tuya, (el) suyo o (la) suya)

✔ **hers** (jers; (la) suya o (el) suyo)

✔ **his** (jis; (el) suyo o (la) suya)

✔ **its** (its; (el) suyo o (la) suya)

✔ **ours** (aurs; (el) nuestro o (la) nuestra)

✔ **theirs** (ders; (el) suyo o (la) suya)

Igual que los adjetivos posesivos, los pronombres posesivos y los adjetivos posesivos enfáticos tampoco se usan en plural. La terminación **-s** en las palabras **yours, hers, its, ours** y **theirs** implica posesión. A continuación tienes algunos ejemplos:

✔ **This luggage is** *yours* (dis *lo*-guech is iors; este equipaje es tuyo).

✔ *Mine* **is still in the car** (main is stil in da car; el mío está todavía en el coche).

Los verbos: comunicar acciones, sentimientos y estados

Un **verb** (verb; verbo) añade acción y sentimiento a una oración o indica un estado. Este tipo de verbo muchas veces se identifica como el **main verb** (main verb; verbo principal), o verbo que hace la mayoría del "trabajo" de la oración. Observa los verbos principales (en letra cursiva) en las siguientes oraciones:

✔ We *ate* a pizza (ui eit *pit*-sa; comimos pizza).

✔ I *like* cheese pizza (ai laik chis *pit*-sa; me gusta la pizza de queso).

✔ Pizza *is* yummy! (*pit*-sa is *yam*-mi; ¡la pizza está deliciosa!)

Algunos verbos también pueden servir como "ayudantes" de los verbos principales; a veces auxilian a los verbos principales. Esta clase de verbo se llama **auxiliary verb** (ak-*sil*-i-e-ri verb) o simplemente **helping verb** (*jelp*-ing verb; verbo auxiliar). En las siguientes oraciones, los verbos en letra cursiva son **helping verbs** que apoyan a los verbos principales **reading** y **give**:

✔ You *are* reading this book (iu ar *rid*-ing dis buk; tú estás leyendo este libro).

✔ It *can* give you some grammar tips (it can giv iu sam *gram*-mr tips; puede darte algunas "pistas" gramaticales).

Los **verbs** pueden ser regulares o irregulares en su conjugación:

✔ **Regular verbs** (*re*-guiu-lar verbs; verbos regulares): Verbos que siguen un patrón de conjugación regular y predecible.

✔ **Irregular verbs** (i-*re*-guiu-lar verbs; verbos irregulares): Verbos que no siguen un patrón lógico (explico lo que quiero decir ahora mismo).

Verbos regulares

Casi todos los verbos en inglés son regulares en presente. Y, por si fuese poco, se conjugan exactamente de la misma manera salvo en la tercera persona singular (**he, she** e **it**).

Por ejemplo, las conjugaciones (muy útiles) para los verbos regulares **to love** (tu lav; amar) y **to kiss** (tu kis; besar) son:

Conjugación	*Pronunciación*
To love:	
I love	(ai lov)
you love	(iu lov)
he/she loves	(ji/chi lovs)
it loves	(it lovs)
we love	(wi lov)
they love	(dei lov)
To kiss:	
I kiss	(ai kis)
you kiss	(iu kis)
he/she kisses	(ji/chi *kis*-es)
it kisses	(it *kis*-es)
we kiss	(wi kis)
they kiss	(dei kis)

La única parte rara de la conjugación de un verbo regular es la terminación **-s** o **-es** en la tercera persona singular. Aunque **he, she** e **it** son *singulares,* la terminación del verbo que los acompaña parece un plural. ¡Ya te he avisado! Y de ningún modo se te ocurra añadir la terminación **-s** o **-es** a los verbos que acompañan sustantivos plurales o que van junto a los pronombres **we** y **they**.

Verbos irregulares

Hoy es tu día de suerte porque, por ahora, sólo tienes que recordar dos verbos irregulares en presente: **to have** (tu jav; tener) y **to be** (tu bi; ser o estar). Aquí te presento las conjugaciones de estos dos excéntricos verbos:

Conjugación	*Pronunciación*
To have:	
I have	(ai jav)
you have	(iu jav)
he/she has	(ji/chi jas)
it has	(it jas)
we have	(wi jav)
they have	(dei jav)
To be:	
I am	(ai em)
you are	(iu ar)
he/she is	(ji/chi is)
it is	(it is)
we are	(wi ar)
they are	(dei ar)

Ser o no ser: el uso del verbo "to be"

El verbo **to be** es un verbo sumamente solicitado. A continuación te ofrezco algo de información acerca de cuatro de sus funciones (no necesariamente en orden de importancia):

Usa **to be** antes de sustantivos y adjetivos que indiquen identidad o estado de ser:

✔ **Molly and Dixie** *are* **cats** (*ma*-li and *diks*-i ar cats; Molly y Dixie son gatos).

✔ It *is* a beautiful day (it is ei *biu*-ti-ful dei; es un día hermoso).

✔ I *am* lost! (ai em last; ¡estoy perdido!)

Usa **to be** como un **helping** (o auxiliary) **verb** con los tiempos presente continuo o pasado continuo. Observa los siguientes ejemplos, el primero en presente continuo y el segundo en pasado continuo:

✔ **The world *is turning*** (da wrld is *trn*-en; el mundo está girando).

✔ **I *was writing* this book last year** (ai was *rait*-en dis buk last yiar; estaba escribiendo este libro el año pasado).

Usa **to be** como un verbo auxiliar cuando el futuro se forma con el verbo **going to** (*go*-ing tu; ir a):

✔ **You *are going* to speak English very well** (iu ar *go*-ing tu *spi-ik in*-glich *vé*ri wel; vas a hablar inglés muy bien).

✔ **The cats *are going* to sleep all day** (da cats ar *go*-ing tu slip al dei; los gatos van a dormir todo el día).

En la próxima sección explicaré más sobre del presente y pasado continuo, y otros tiempos futuros.

Usa **to be** para indicar ubicación:

✔ **My home *is* in California** (mai jom is in ca-li-*for*-nia; mi hogar está en California).

✔ **The bus stop *is* over there** (da bos stop is *o*-ver der; la parada del autobús está allí).

Pon buena cara a los tiempos

Como en otros idiomas, el inglés tiene numerosos tiempos con propósitos específicos, pero lo bueno es que conocer algunos de esos propósitos básicos puede llevarte casi a todas partes. Para empezar,

observa los siguientes ejemplos con el verbo regular
to walk (tu wak; caminar):

✔ Presente: **I walk to school every day** (ai wak tu
scul *ev*-ri dei; camino diariamente a la escuela).

✔ Pasado: **I walked to school yesterday** (ai wakt
tu scul *yes*-tr-dei; ayer caminé a la escuela).

✔ Futuro: **I will walk to school again tomorrow**
(ai wil wak tu scul e-*guein* tu-*mar*-rou; caminaré
mañana a la escuela otra vez).

El presente simple

Te voy a dar dos por el precio de uno: dos formas del
presente para conversaciones ordinarias. El primer
tiempo es el **simple present** (*sim*-pl *pre*-snt; presente
simple). Este tiempo se usa para hablar de actividades o acontecimientos ordinarios o cotidianos. Por
ejemplo, **I jog everyday** (ai yog *ev*-ri dei; corro todos
los días). **To be** también se usa para expresar un
estado de ser o una afirmación, como **The sun is hot**
(da san is jat; el sol está caliente).

La siguiente lista proporciona algunos ejemplos del
presente simple (están en letra cursiva):

✔ **It *rains* every day** (it reins *ev*-ri dei; llueve diariamente).

✔ **Dixie *likes* milk** (*diks*-i laiks melk; a Dixie le
gusta la leche).

✔ **She *is* 3 years old** (chi is zri yiars old; ella tiene
3 años).

El presente continuo

El segundo tiempo del presente que te quiero mos-
trar es el **present continuous** (*pre*-sent con-*tin*-iu-as;
el presente continuo). Usa este tiempo para hablar
de cosas que están pasando ahora mismo: en este
momento o en este instante de tu vida. Por ejemplo:

✔ **It *is raining* right now** (it is *rein*-in rait nau; está lloviendo ahora mismo).

✔ **Dixie *is drinking* milk** (*diks*-i is *drink*-in melk; Dixie está bebiendo leche).

✔ **I *am learning* English** (ai em *lern*-ing *ing*-lich; estoy aprendiendo inglés).

Para los aficionados a las matemáticas, incluyo una fórmula útil para formar el presente continuo: **to be + main verb + -ing.**

Y acuérdate de usar la conjugación correcta del verbo **to be**. Por ejemplo:

✔ *I am* **reading this book** (ai em *rid*-ing dis buk; estoy leyendo este libro).

✔ *She is* **reading this book** (chi es *rid*-ing dis buk; ella está leyendo este libro).

Cuando alguien te hace una pregunta en presente continuo, tu respuesta debe estar en el mismo tiempo. A modo de ejemplo, a continuación tienes unas preguntas y sus respuestas:

What are you doing?
(juat ar iu *du*-ing;
¿qué estás haciendo?)

I *am cleaning* the house
(ai em *clin*-in da jaus;
estoy limpiando la casa).

Where are you going?
(juer ar iu *go*-ing;
¿adónde vas?)

I *am going* to the store
(ai em *go*-ing tu da stor;
voy a la tienda).

Asegúrate de que el sujeto de la oración sea capaz de realizar la acción que le sigue. Por ejemplo, si quieres decir **I'm reading a book** (aim *rid*-in ei buk; estoy leyendo un libro), ¡evita decir **The book is reading** (da buk is *rid*-in; el libro está leyendo)! En inglés (o en cualquier otro idioma) esa afirmación suena absurda: un libro no puede leer.

El pasado simple

El **simple past tense** (*sim*-pl past tens; tiempo pasado simple) se usa para hablar de una acción o un hecho que *comenzó y terminó* en el pasado. Con el pasado simple, a menudo se usan palabras como **yesterday** (*yes*-ter-dei; ayer), **last week** (last wik; la semana pasada), **in 1999** (in *nain*-tin *nain*-ti nain; en 1999), **ten minutes ago** (ten *min*-ets a-*gou*; hace diez minutos), etc.

El pasado simple se forma de una de estas dos maneras:

✔ Añadiendo **-d** o **-ed** al final de los verbos regulares.

✔ Usando el tiempo pasado de los verbos irregulares, que hay que memorizar.

Sólo agrega **-ed** al final de la mayoría de los verbos regulares en el inglés y, ¡ya tienes el pasado! Los siguientes son ejemplos del pasado regular:

✔ I *called* my mother last night (ai cald mai *mo*-der last nait; llamé a mi madre anoche).

✔ She *answered* the phone (chi *an*-serd da fon; ella contestó el teléfono).

✔ We *talked* for a long time (wi takt for ei long taim; hablamos durante mucho rato).

 Si un verbo termina con la vocal **-e**, simplemente agrega **-d**. Para verbos que terminan en una consonante más **y**, como **study** (*sta*-di; estudiar) o **try** (trai; intentar o probar), forma el pasado cambiando la **y** por una **i** y luego agrega **-ed**, como en **studied** (*stou*-did; estudió) y **tried** (traid; intentó o probó).

Cerca de cien verbos comunes son irregulares en pasado. Con excepción del verbo **to be**, todos los verbos tienen sólo una forma para todas las personas. Por ejemplo, el pasado simple de **have** es **had** (jad; tuvo).

En los siguientes ejemplos los verbos irregulares están en letra cursiva:

✔ I *wrote* a love letter to my sweetheart (ai rot ei lav *le*-tr tu mai *swit*-jart; escribí una carta de amor a mi amada).

✔ She/he *read* it and *said* "I love you" (chi/ji red it and sed ai lov iu; la leyó y me dijo "Te amo").

✔ I *felt* very happy! (ai felt *ve*-ri *ja*-pi; ¡me sentí muy feliz!)

El verbo **to be** tiene dos conjugaciones en el pasado simple: **was** y **were**.

✔ I was (ai uas; fui o era)

✔ you were (iu uer; fuiste o eras)

✔ he/she/it was (ji/chi/it was; fue o era)

✔ we were (ui uer; fuimos o éramos)

✔ they were (dei uer; fueron o eran)

El pasado continuo

Si puedes formar el presente continuo, entonces fácilmente puedes formar el **past continuous tense** (past con-*tin*-iu-as tens; el tiempo pasado continuo). Este tiempo se usa para hablar de algo que ocurrió durante algún momento del pasado. Por ejemplo:

✔ It *was raining* last night (ei uas *rein*-ing last nait; estaba lloviendo anoche).

✔ We *were walking* in the rain (ui uer *wak*-ing in da rein; estábamos caminando en la lluvia).

La razón de que sea fácil formar el pasado continuo es que si sabes cómo formar el presente continuo con el verbo **to be + the main verb + -ing,** simplemente necesitas cambiar el verbo **to be** al pasado y, ¡listo!, has creado el pasado continuo. En los próximos dos ejemplos verás lo que quiero decir:

✔ I am living in the U.S. (ai em *liv*-ing in da iu es; estoy viviendo en Estados Unidos).

✔ **I was living in my country last year** (ai uas *liv*-in in mai *can*-tri last yir; estaba viviendo en mi país el año pasado).

El futuro: will y going to

Existen dos maneras igual de buenas para hablar del futuro, aunque la gente tiende a usar una más que la otra, con diferentes propósitos.

Usa la partícula **will** (uil) o el verbo **to be** más **going to** cuando quieras formar el futuro. He aquí dos ejemplos, a modo de fórmulas, que te muestran cómo usar cada manera de hablar del futuro:

✔ **will + main verb** (en la forma básica): **I *will tell* you a story** (ai uil tel iu ei *sto*-ri; te contaré un cuento) o **We *will help* you in a minute** (ui uil jelp iu in ei *min*-ut; te ayudaremos en un minuto).

✔ **be verb + going to + main verb** (en la forma básica): **I *am going to tell* you a story** (ai em *go*-ing tu tel iu ei *sto*-ri; voy a contarte un cuento) o **She *is going to graduate* next week** (chi is *go*-ing tu *grad*-iu-eit nekst uik; ella se va a graduar la próxima semana).

Los estadounidenses casi siempre usan contracciones con el futuro, así que también a ti te conviene usarlas. Usa las contracciones **I'll, you'll,** etc. para la palabra **will.** Con **going to,** usa las contracciones de **to be,** como en **I'm going to, you're going to, she's going to,** etc.

Los adjetivos: la salsa del lenguaje

Los **adjectives** (*ad*-yec-tivs; adjetivos) ayudan a describir o a decir más acerca de los sustantivos y pronombres e incluso de otros adjetivos. Añaden color, textura, calidad, cantidad, carácter y sabor a una oración simple y "sosa".

He aquí una oración simple sin ningún adjetivo:

***English Phrases For Dummies* is a book** (*ing*-lich *fra*-sis for *dam*-mis is ei buk; *Frases en inglés para Dummies* es un libro).

Usando la misma oración, mira cuántos adjetivos (en cursiva) "sazonan" el lenguaje:

***English Phrases For Dummies* is a *fun, helpful, basic English language* book!** (*ing*-lich *fra*-sis for *dam*-mis is ei fan, *jelp*-fl, bei-sic *ing*-lich *lan*-guidy buk; ¡*Frases en inglés para Dummies* es un libro de inglés básico, divertido y útil!)

¡Esa oración ya dice mucho!

En inglés, los adjetivos nunca tienen plural ni género, así que nunca cambian con el número o el género de los sustantivos que describen. Por ejemplo, en las siguientes dos oraciones observa cómo los adjetivos (en letras cursivas) no cambian a pesar de los sustantivos que acompañan:

✔ **They are very *active* and *noisy* boys** (dei ar *ve*-ri *ac*-tiv and *noi*-si bois; son unos niños muy inquietos y ruidosos).

✔ **She is a very *active* and *noisy* girl** (chi is ei *ve*-ri *ac*-tiv and *noi*-si guerl; ella es una niña muy inquieta y ruidosa).

Cómo agregar color y cantidad

Los **colors** (*ca*-lrs; colores) son adjetivos y también los **numbers** (*nom*-bers; números). A continuación encontrarás algunos ejemplos (fíjate que el número va primero, seguido por el color y el sustantivo):

✔ **I'd like one red apple** (aid laik wan red *a*-pl; quisiera una manzana roja).

✔ **You have two yellow bananas** (iu jav tu *ye*-lou ba-*na*-nas; dos plátanos amarillos).

Expresión de sentimientos

Los adjetivos también pueden describir **feelings** (*fil*-ings; sentimientos), **emotions** (i-*mo*-chans; emociones) y el estado general de la salud. Los verbos **to be** y **to feel** (tu fil; sentirse) se usan con los siguientes tipos de adjetivos:

✔ **She is happy/tired** (chi is *ja*-pi/tairt; ella está feliz/cansada).

✔ **I feel nervous** (ai fil *ner*-vis; me siento nervioso).

✔ **They are in love** (dei ar in lov; ellos están enamorados).

Expresión del carácter y de las habilidades

Los **adjectives** se usan para describir el carácter, las cualidades y las habilidades de la gente. Usa el verbo **to be** con este tipo de adjetivos:

✔ **He's kind** (jis kaind; él es amable).

✔ **They're athletic** (deir az-*le*-tic; son atléticos).

✔ **You're funny!** (ior *fa*-ni; ¡eres gracioso!)

✔ **We're competitive** (uir compe-*te*-tiv; somos competitivos).

Para poner énfasis a tu descripción, usa el adverbio **very** (*ve*-ri; muy) antes del adjetivo. Por ejemplo:

✔ **It's a very hot day** (its e *ve*-ri jout dei; hoy es un día muy caluroso).

✔ **She's very artistic** (chis *ve*-ri ar-*tis*-tic; ella es muy artística).

Si deseas saber más de los adjetivos descriptivos, ve al capítulo 4.

Los adverbios: cómo dar carácter a los verbos

Los **adverbs** (*ad*-vrbs; adverbios) ayudan en la descripción de un verbo o de un adjetivo. Pueden indicar cómo o de qué manera se hace algo.

A continuación verás una oración sin un adverbio:

I play the piano (ai plei da pi-*a*-no; toco el piano).

Ahora agrega un **adverb** y observa cómo la oración cambia de sentido:

I play the piano *badly!* (ai plei da pi-*a*-no *bad*-li; ¡toco horriblemente el piano!)

Los **adverbs** pueden indicar también con qué frecuencia realizas algo, como en **I *rarely* practice the piano** (ai *reir*-li *prac*-tis da pi-*a*-no; rara vez practico el piano). Y los **adverbs** pueden decir más acerca de un adjetivo, como en **My piano teacher is *extremely* patient** (mai pi-*a*-no *ti*-chr is ex-*trim*-li *pei*-chant; mi profesor de piano es extremadamente paciente).

La mayoría de los adverbios se forman al añadir la terminación **-ly** a un adjetivo. Por ejemplo, el adjetivo **slow** (s-*lou*; lento) se convierte en el adverbio **slowly** (s-*lou*-ly; lentamente). A continuación tienes algunas oraciones como ejemplo:

✔ Adjetivo: **The turtle is slow** (da *tu*-rol is s-*lou*; la tortuga es lenta).

✔ Adverbio: **The turtle walks slowly** (da *tu*-rol *gua*-ks s-*lou*-ly; la tortuga camina lentamente).

Algunos adverbios y adjetivos son "clones", lo que quiere decir que las palabras no cambian. Por ejem-

plo, la palabra **fast** (fast; rápido) en las siguientes
oraciones:

✔ **Adjetivo: He has a fast car** (ji jas ei fast car; él
tiene un coche rápido).

✔ **Adverbio: He drives too fast** (ji draivs tu fast; él
conduce demasiado rápido).

Los tres artículos: a, an y the

Esta sección tiene por objeto ayudarte a entender
cuándo y cómo usarlos sin miedo. *Nota:* En inglés, los
artículos (igual que los sustantivos) no tienen género
(femenino o masculino); por ejemplo: **The boy is tall**
(da boi is tal; el niño es alto) y **The girl is tall** (da guirl
is tal; la niña es alta).

✔ **A** y **an** *versus* **the** (muy fácil): Los artículos **a** y
an se anteponen solamente a los sustantivos en
singular. El artículo **the** puede usarse antes de
sustantivos en singular o plural: **Molly is *a* cat**
(*mo*-li is a cat; Molly es una gata), **She is *an***
animal (chi is an *a*-ni-mal; ella es un animal),
***The* birds fear her** (da brds *fi*-ir jer; los pájaros
le temen).

✔ **A** *versus* **an** (también muy fácil): El artículo **a**
se usa antes del sustantivo o sus adjetivos que
comienzan por consonante. El artículo **an** se
usa antes del sustantivo o sus adjetivos que
comienzan por **h** muda (en el inglés no siempre es muda) o vocal: **We saw *a* movie** (ui sau
ei *mu*-vi; vimos una película), **The book is *an***
autobiography (da buk is an a-tou-bai-*a*-graf-i; el
libro es una autobiografía), **He's *an* honest man**
(jis an *o*-nest man; él es un hombre honrado).

✔ **The** *versus* no artículo (no muy difícil): El
artículo **the** se usa antes de los sustantivos
de los cuales se habla específicamente y que
expresan, o no, cantidad: ***The* coffee in Mexico**
is delicious! (da *co*-fi in *mex*-i-co is di-*li*-chas;
¡el café en México es delicioso!). No se usa el
artículo **the** antes de los sustantivos de los cua-

les se habla en forma general y que no expresan cantidad: **Coffee is popular in the U.S.** (*co*-fi is *pa*-piu-lar in da *iu*-es; el café es popular en los Estados Unidos).

✔ **A y an** *versus* **the** (un poquito difícil): Los artículos **a** y **an** se usan antes de los sustantivos que se mencionan por primera vez. El artículo **the** se usa antes de los sustantivos que ya han sido previamente mencionados: **I read *a* good book** (ai red ei gud buk; leí un buen libro), ***The* book was about *an* artist** (da buk uas a-*baut* an *ar*-tist; el libro trataba de un artista), o ***The* artist lives on *a* ranch** (da *ar*-tist livs on ei ranch; el artista vive en un rancho).

✔ **The** (muy fácil): El artículo **the** se usa antes de nombres de cordilleras, ríos, océanos y mares: ***The* Pacific Ocean is huge** (da pa-*si*-fic *o*-chion is jiuch; el océano Pacífico es enorme) o ***The* Amazon is in South America** (da *a*-ma-son is in sauz a-*me*-ri-ca; el Amazonas está en Sudamérica).

✔ **The** (también fácil): El artículo **the** se usa antes de los nombres de países que hacen referencia a su forma de gobierno o estructura administrativa: ***The* United States** (da iu-*nait*-ed steits; los Estados Unidos) o ***The* People's Republic of China** (da *pi*-pols ri-*pub*-lic of *chai*-na; la República Popular de China).

Capítulo 3

Sopa de números: para contar de todo

● ● ● ● ● ● ● ● ● ● ● ● ● ● ●

En este capítulo

▶ En orden con cardinales y ordinales

▶ La hora

▶ Días y meses

▶ En el momento de gastar dinero

● ● ● ● ● ● ● ● ● ● ● ● ● ● ●

omo los números (1, 2, 3, etc.) son los mismos en inglés y en español, puedes saber el precio de las cosas en cualquier tienda de Estados Unidos, incluso si no recuerdas una sola palabra en inglés. Este capítulo también te explica cómo decir la hora y te muestra cómo recorrer el calendario.

1, 2, 3: números cardinales

Conocer los números cardinales del 0 al 100 es un gran avance, pues te permite expresar, por ejemplo, cuánto dinero llevas, cuántos puntos ves en la pared y la hora del día. A continuación encontrarás una lista con los números cardinales:

> ✔ **zero** (*si*-ro; 0)
>
> ✔ **one** (uon; 1)
>
> ✔ **two** (tu; 2)
>
> ✔ **three** (zri; 3)

- ✔ **four** (for; 4)
- ✔ **five** (faiv; 5)
- ✔ **six** (siks; 6)
- ✔ **seven** (*se*-ven; 7)
- ✔ **eight** (eit; 8)
- ✔ **nine** (nain; 9)
- ✔ **ten** (ten; 10)
- ✔ **eleven** (i-*le*-ven; 11)
- ✔ **twelve** (tuelv; 12)
- ✔ **thirteen** (*zur*-ti-in; 13)
- ✔ **fourteen** (*for*-ti-in; 14)
- ✔ **fifteen** (*fif*-ti-in; 15)
- ✔ **sixteen** (*siks*-ti-in; 16)
- ✔ **seventeen** (*se*-ven-ti-in; 17)
- ✔ **eighteen** (*eit*-i-in; 18)
- ✔ **nineteen** (*nain*-ti-in; 19)
- ✔ **twenty** (*tuen*-ti; 20)
- ✔ **twenty-one** (*tuen*-ti-uon; 21)
- ✔ **twenty-two** (*tuen*-ti-tu; 22)
- ✔ **thirty** (*zur*-ti; 30)
- ✔ **thirty-one** (*zur*-ti-uon; 31)
- ✔ **forty** (*for*-ti; 40)
- ✔ **fifty** (*fif*-ti; 50)
- ✔ **sixty** (*siks*-ti; 60)
- ✔ **seventy** (*se*-ven-ti; 70)
- ✔ **eighty** (*ei*-ti; 80)
- ✔ **ninety** (*nain*-ti; 90)
- ✔ **one hundred** (uon *jon*-dred; 100)
- ✔ **one hundred and one** (uon *jon*-dred and uon; 101)

Segundo y tercero: los números ordinales

Los números como primero, segundo, tercero y otros que indiquen un orden o una secuencia se llaman *ordinales*. A continuación encontrarás algunas reglas simples que te indican cómo decir los números ordinales:

Para los números que terminan en **1** (excepto el 11), di **first** (furst; primero).

Para los números que terminan en **2** (excepto el 12), di **second** (*se*-cond; segundo).

Para los números que terminan en **3** (excepto el 13), di **third** (zurd; tercero).

Para el **11, 12, 13** y cualquier otro número de dos dígitos, agrega la terminación **-th** (z española).

Aquí tienes una lista de números ordinales:

✔ **first** o **1st** (furst; primero)

✔ **second** o **2nd** (*se*-cond; segundo)

✔ **third** o **3rd** (zurd; tercero)

✔ **fourth** o **4th** (forz; cuarto)

✔ **fifth** o **5th** (fifz; quinto)

✔ **sixth** o **6th** (siksz; sexto)

✔ **seventh** o **7th** (*se*-venz; séptimo)

✔ **eighth** o **8th** (eitz; octavo)

✔ **ninth** o **9th** (nainz; noveno)

✔ **tenth** o **10th** (tenz; décimo)

✔ **eleventh** o **11th** (i-*le*-venz; undécimo)

✔ **twelfth** o **12th** (tuelvz; duodécimo)

✔ **thirteenth** o **13th** (zur-*ti*-inz; decimotercero)

✔ **fourteenth** o **14th** (*for*-ti-inz; decimocuarto)

✔ **fifteenth** o **15th** (*fif*-ti-inz; decimoquinto)

✔ **sixteenth** o **16th** (*siks*-ti-inz; decimosexto)

✔ **seventeenth** o **17th** (se-ven-*ti*-inz; decimoséptimo)

✔ **eighteenth** o **18th** (*ei*-ti-inz; decimoctavo)

✔ **nineteenth** o **19th** (*nain*-ti-inz; decimonoveno)

✔ **twentieth** o **20th** (*tuen*-ti-ez; vigésimo)

✔ **twenty-first** o **21st** (tuen-ti-*furst*; vigésimo primero)

✔ **thirtieth** o **30th** (*zur*-ti-ez; trigésimo)

✔ **one-hundredth** o **100th** uon *jon*-dredz; centésimo)

La hora en inglés

En Estados Unidos puedes hablar de la hora de las siguientes maneras:

✔ Con los números del 1 al 12, no del 1 al 24.

✔ Con las abreviaciones **a.m.** (de la medianoche al mediodía) y **p.m.** (del mediodía a la medianoche).

También puedes decir **in the morning** (in da *morning*; en la mañana) en lugar de **a.m.**; y en lugar de **p.m.** puedes usar la expresión **in the afternoon** (in da af-ter-*nu*-un; en la tarde) o **in the evening** (in da *i*-ivening; en la noche).

No hay riesgo de equivocarse con las 12, porque las 12 a.m. se conocen como **midnight** (*mid*-nait; medianoche) y las 12 p.m. se llaman **noon** (*nu*-un; mediodía).

 En Estados Unidos sólo el Ejército usa el sistema de las **24-hour** (*tuen*-ti for aur; 24 horas, 1.00 a 24.00).

La hora se expresa generalmente con la hora seguida por los minutos. En el caso de la **1.30**, se dice **one-thirty** (uon *zir*-ti; una y treinta). He aquí más ejemplos:

- ✔ **7.05 = seven oh five** (*se*-ven ou faiv; siete y cinco)
- ✔ **10.15 = ten fifteen** (ten fif-*ti*-in; diez y quince)
- ✔ **11.45 = eleven forty-five** (i-*le*-ven *for*-ti faiv; once y cuarenta y cinco)

Hay diferentes maneras de decir una hora correcta en inglés. Observa los siguientes ejemplos:

- ✔ **It's three p.m.** (its zri pi em; son las tres p.m.).
- ✔ **It's three in the afternoon** (its zri in da af-ter-*nu*-un; son las tres de la tarde).
- ✔ **It's three o'clock in the afternoon** (its zri ou-*clok* in da af-ter-*nu*-un; son las tres en punto de la tarde).
- ✔ **It's three** (its zri; son las tres).

No es necesario decir la palabra **o'clock** (ou-clok; en punto) después de la hora y rara vez la gente lo hace antes de los términos a.m. y p.m.

Los términos **past** (past; pasado) y **before** (bi-*for*; faltan o antes) casi nunca se usan en Estados Unidos para expresar la hora. Más bien, la gente tiende a usar la palabra **after** (*af*-ter; después), como en **ten *after* three** (o 3.10), y la palabra **to** (tu; a) o **till** (til; para), como en **ten *to* five** (o 4.50).

Cuando pasan o faltan quince minutos para la hora en punto puedes usar las expresiones **a quarter after** (ei *kor*-ter *af*-ter; un cuarto después) y **a quarter to** (ei *kor*-ter tu; un cuarto para). De modo que podrías expresar las 3.45 como **a quarter to four** (ei *kor*-ter tu for; un cuarto para las cuatro).

Se usan tres preposiciones —**at** (at; a), **in** (in; en) y **on** (on; sobre)— para expresar tiempo.

Decidir cuál de ellas usar puede parecerte un poco caprichoso; sin embargo, debes seguir algunas reglas:

✔ Usa **at** en expresiones de tiempo exacto y con la palabra **night.**

✔ Usa **in** con las expresiones **the morning, the evening** y **the afternoon.**

✔ Usa **on** con los días de la semana, el **weekend** (*uik*-end; fin de semana) y los días festivos.

Observa los siguientes ejemplos:

✔ **The concert starts *at* 9:00** (da *con*-cert starts at nain; el concierto empieza a las 9.00).

✔ **The program is *at* night** (da *pro*-gram is at nait; el programa es por la noche).

✔ **We went to the park *in* the afternoon** (ui uent tu da park in da af-ter-*nu*-un; fuimos al parque por la tarde).

✔ **The museum is closed *on* Monday** (da miu-*si*-om is cloust on *mon*-dei; el museo está cerrado los lunes).

Y por supuesto, ¿qué pasa si necesitas saber qué hora es? Puedes preguntarla con una de estas expresiones:

✔ **What time is it?** (juat taim is it; ¿Qué hora es?)

✔ **Do you have the time?** (du iu jav da taim; ¿Me puede decir la hora?)

No olvides usar el artículo the cuando preguntes: **Do you have the time?** Si se te olvida, estarás diciendo **Do you have time?** (du iu jav taim; ¿Tienes tiempo?), que significa "¿Estás ocupado?" o "¿Tienes un momento?" Si cometes ese error y haces esa pregunta, la persona podría contestarte, **"Time for what?"** (taim for juat; ¿Tiempo para qué?).

Días, meses y fechas

Ya sé, ya sé, los días y los meses no son precisamente números, pero son una manera de medir el tiempo. Las siguientes secciones te muestran lo que necesitas saber.

Meses del año

La siguiente es una lista de los meses del año:

- ✔ **January** (*yan*-iu-e-ri; enero)
- ✔ **February** (*feb*-ru-e-ri; febrero)
- ✔ **March** (march; marzo)
- ✔ **April** (*ei*-pril; abril)
- ✔ **May** (mei; mayo)
- ✔ **June** (*yu*-un; junio)
- ✔ **July** (*yu*-lai; julio)
- ✔ **August** (*a*-gost; agosto)
- ✔ **September** (sep-*tem*-ber; septiembre)
- ✔ **October** (oc-*tou*-ber; octubre)
- ✔ **November** (nou-*vem*-ber; noviembre)
- ✔ **December** (di-*cem*-ber; diciembre)

Días de la semana

¿No te gustaría que todos los días fuera viernes? Aquí están los días de la semana:

- ✔ **Sunday** (*son*-dei; domingo)
- ✔ **Monday** (*mon*-dei; lunes)
- ✔ **Tuesday** (*tus*-dei; martes)
- ✔ **Wednesday** (*uens*-dei; miércoles)
- ✔ **Thursday** (*zurs*-dei; jueves)
- ✔ **Friday** (*frai*-dei; viernes)
- ✔ **Saturday** (*sa*-tur-dei; sábado)

Las fechas

En inglés, la fecha se escribe en este orden: **month/ day/year** (manz/dei/ier; mes/día/año).

Por ejemplo, la fecha 3/1/2007 es marzo 1, 2007 (no enero 3, 2007). Cuando hables, puedes expresar la fecha de una de las siguientes maneras:

✔ **March first, two thousand and seven** (march first tu *zau*-san and *se*-ven; marzo primero dos mil siete)

✔ **The first of March, two thousand seven** (da first of march tu *zau*-san and *se*-ven; el primero de marzo dos mil siete)

Puede que tardes un poco en acostumbrarte a leer y a escribir primero el mes, pero te acordarás cada vez que veas una fecha como 5/13/07, ¡pues el año tiene sólo doce meses!

Dinero, dinero, dinero

El dinero estadounidense consta de **dollars** (*do*-lars; dólares) o billetes y cents (sents; centavos) o monedas. Todos los billetes parecen prácticamente iguales: ¡todos son verdes! Los billetes son del mismo tamaño y todos tienen impresos presidentes estadounidenses. Por supuesto, no tienen todos el mismo valor. Los **bills** (bils; billetes) tienen las **denominations** (de-no-mi-*nei*-chions; importes) siguientes:

✔ **ones** (uons; uno)

✔ **fives** (faivs; cinco)

✔ **tens** (tens; diez)

✔ **twenties** (*tuen*-tis; veinte)

✔ **fifties** (*fif*-tis; cincuenta)

✔ **one hundreds** (uon *jon*-dreds; cien)

✔ **five hundreds** (faiv *jon*-dreds; quinientos)

Si alguien dice **It costs five bucks** (it cost faiv boks; cuesta cinco dólares), no significa que debas pagar con venado o ciervo (también conocido como a **buck**); ¡te está hablando de dólares! A **buck** (ei bok; un dólar) es el término popular para un dólar. Otra expresión popular para el dinero es **that green stuff** (dat *gri*-in stof; esa cosa verde), una referencia general a los billetes. Si deseas usar esa expresión, no olvides la palabra **that**.

Las diferentes **coins** se representan en **cents** (¢). Cien centavos equivalen a un dólar. La siguiente lista te ofrece una idea general de los nombres de las monedas y sus valores.

- ✔ **penny** (*pe*-ni; un centavo): 1¢
- ✔ **nickel** (*ni*-kel; cinco centavos): 5¢
- ✔ **dime** (daim; diez centavos): 10¢
- ✔ **quarter** (*cor*-ter; veinticinco centavos): 25¢

Otra manera de escribir centavos es $.05 para 5 **cents**, $.10 para 10 **cents**, etc. Las cantidades en dólares se escriben como $10 o $10.00. Usa un **decimal point** (*de*-si-mal point; punto decimal), no una coma, para indicar **cents**.

Cuando dices **This is ten dollars** (dis is ten *do*-lars; esto cuesta diez dólares), la palabra dollars es un sustantivo en plural, así que termina con una **s**. Pero cuando dices **This is a ten-dollar bill** (dis is ei ten *do*-lar bil; éste es un billete de diez dólares), ¿dónde se ha quedado la **s** de la palabra **dollar**? La respuesta es fácil. En la segunda oración, **dollar** no es un sustantivo, sino un adjetivo que describe la palabra **bill**. En inglés, los adjetivos no tienen plural aunque describan sustantivos en plural. (Encontrarás más información sobre los sustantivos y los adjetivos en el capítulo 2.)

Palabras para recordar

dollar	do-lar	dólar
bill	bil	billete
paper money	pei-per mo-ni	billete
cents	sents	centavos
coin	coin	moneda
denomination	de-no-mi-nei-chion	importe

Cambio de divisas

En Estados Unidos sólo puedes usar **currency** (*cu*-ren-si; moneda o dinero) estadounidense. Por esta razón, debes saber dónde cambiar divisas y cómo realizar esta **transaction** (trans-*ac*-chion; transacción), en inglés.

Las siguientes frases te ayudarán a conseguir algunos dólares:

> ✔ **Where can I exchange money?** (juer can ai eks-*cheinch* mo-ni; ¿dónde puedo cambiar dinero?)
>
> ✔ **Where can I find a bank?** (juer can ai faind ei bank; ¿dónde hay un banco?)
>
> ✔ **Do you exchange foreign currency here?** (du iu eks-*cheinch* fo-ren cu-ren-si ji-ar; ¿cambian moneda extranjera aquí?)

Dondequiera que vayas a cambiar tu dinero tendrás que conocer la **exchange rate** (eks-*cheinch* reit; tipo de cambio). Pregúntale al cajero si cobra comisión por la transacción.

He aquí algunas frases que usarás al cambiar dinero:

> ✔ **What is the exchange rate today?** (juat is da eks-*cheinch* reit tu-dei; ¿cuál es el tipo de cambio de hoy?)

> ✔ **Do you charge a fee?** (du iu charch ei *fi*-i; ¿cobran comisión por el cambio?)
>
> ✔ **I'd like to exchange money, please** (aid laik tu eks-*cheinch mo*-ni *pli*-is; me gustaría cambiar dinero, por favor).

En el banco

Al entrar en un banco generalmente encuentras un área donde la gente espera el siguiente **teller** (*te*-ler; cajero) disponible. Adelante, ponte en la cola y, cuando sea tu turno, el cajero dirá:

> ✔ **Next!** (nekst; ¡el siguiente!)
>
> ✔ **May I help you?** (mei ai jelp iu; ¿en qué le puedo ayudar?)
>
> ✔ **I can help you down here** (ai can jelp iu daun *ji*-ar; aquí le puedo ayudar).

Acércate entonces al cajero y explícale lo que necesitas. Las siguientes expresiones cubrirán la mayoría de tus necesidades bancarias.

Palabras para recordar

to exchange	tu eks-cheinch	cambiar o intercambiar
exchange rate	eks-cheinch reit	tipo de cambio
currency	cu-ren-si	moneda o dinero
transaction	trans-ac-chion	transacción
fee	fi-i	cargo u honorario

✔ **I'd like to cash some travelers' checks** (aid laik tu cach som *tra*-vel-ers cheks; quisiera cambiar algunos cheques de viaje).

✔ **I need to cash a check** (ai *ni*-id tu cach ei chek; necesito hacer efectivo un cheque).

✔ **I want to make a deposit** (ai juant tu meik ei di-*po*-sit; quiero hacer un depósito).

✔ **I'd like to open an account** (aid laik tu o-*pen* an a-*caunt*; quisiera abrir una cuenta).

Uso de los cajeros automáticos (ATM, en inglés)

Los **Automated Teller Machines** (o-to-*mei*-ted *te*-ler ma-*chins*; cajeros automáticos) o **ATMs** (*ei*-ti-ems; ATM) abundan en Estados Unidos.

A continuación tienes una lista de frases que encontrarás en la pantalla de una ATM. (*Nota:* El orden de

Palabras para recordar

cash a check	cach ei chek	cobrar un cheque
open an account	o-pen an a-caunt	abrir una cuenta
make a deposit	meik ei di-po-sit	hacer un depósito
teller	te-ler	cajero
traveler's checks	tra-vel-ers cheks	cheques de viaje
receipt	ri-si-it	recibo o factura

las palabras puede variar, pero esta lista te ofrece una idea general de lo que encontrarás.)

1. **Please insert your card** (*pli*-is in-*sert* ior card; por favor, introduzca su tarjeta).

   En ese instante tal vez tengas la opción de escoger otro idioma, si la ATM es bilingüe.

2. **Enter your PIN (or secret code) and then press Enter** (*en*-ter ior pin o *si*-cret coud and den pres *en*-ter; teclee su número de identificación personal y presione Enter).

3. **Choose the type of transaction that you want to make** (*chu*-us da taip of trans-*ac*-chion dat iu juant tu meik; seleccione el tipo de transacción que desea realizar). Por ejemplo: **withdraw cash** (*uiz*-drau cach; retirar dinero); **deposit** (di-*po*-sit; depositar dinero); **account balance** (a-*caunt ba*-lans; saldo de cuenta); **transfer/electronic payment** (*trans*-fer i-lec-*tro*-nic *pei*-ment; transferencia/pago electrónico). Si seleccionas **withdraw cash**, te preguntará de dónde quieres extraer tu dinero: de tu **checking account** (*chek*-ing a-*caunt*; cuenta de cheques), **savings account** (*sei*-vings a-*caunt*; cuenta de ahorros) o **credit card** (*cre*-dit card; tarjeta de crédito).

4. Después de seleccionar o teclear la cantidad, aparecerán casi en el mismo orden las siguientes instrucciones: **You entered $200.00. Is that correct? Yes or No?** (iu *en*-terd tu *hun*-dred *do*-lars is dat co-*rect* ies or nou; ha seleccionado $200.00. ¿Es correcto? ¿Sí o no?). **Your request is being processed** (ior ri-*kuest* is *bi*-ing *pro*-cest; su transacción está en proceso). **Please remove your cash** (*pli*-is ri-*mu*-uv ior cach; por favor, retire su dinero). **Would you like another transaction? Yes or No?** (*u*-ud iu laik a-*no*-der trans-*ac*-chion ies or nou; ¿desea hacer otra operación? ¿Sí o no?). **Please remove your card and receipt** (*pli*-is ri-*mu*-uv ior card and ri-*si*-it; por favor, retire su tarjeta y el recibo).

¡Cárguelo! Las tarjetas de crédito

Las tarjetas de crédito y las tarjetas bancarias (de débito) facilitan la vida y los viajes porque proporcionan acceso inmediato al dinero y a toda clase de servicios y beneficios. Los siguientes ejemplos te permitirán familiarizarte con los diversos tipos de pago que puedes utilizar.

✔ **Do you take credit cards?** (du iu *teik cre*-dit cards; ¿aceptan tarjetas de crédito?)

✔ **Can I use my bank card?** (can ai ius mai bank card; ¿puedo usar mi tarjeta bancaria?)

✔ **May I write a check?** (mei ai rait ei chek; ¿le puedo hacer un cheque?)

Palabras para recordar

to choose	tu chu-us	seleccionar o escoger
to enter	tu en-ter	proporcionar o introducir
to remove	tu ri-mu-uv	retirar
to press	tu pres	pulsar o presionar
to withdraw	tu uiz-drau	retirar (dinero)
card	card	tarjeta
cash	cach	dinero en efectivo
checking	chek-ing	cuenta de cheques
savings	sei-vings	ahorros o cuenta de ahorros
balance	ba-lans	balance o saldo

✔ **May I pay with cash?** (mei ai pei uiz cach;
   ¿puedo pagar en efectivo?)

Cuando la dependienta o el cajero te pregunta cómo
quieres pagar, responde con la preposición **by** (bai;
por) o **with** (uiz; con). Estas preposiciones conectan
a la palabra **pay** (pei; pago) con la forma de pago.
Observa los siguientes ejemplos:

✔ **I'll pay by check** (ail pei bai chek; pagaré con
   cheque).

✔ **...by credit card** (...bai *cre*-dit card; ...con tarjeta
   de crédito).

✔ **I'll pay with a check** (ail pei uiz ei chek; pagaré
   con un cheque).

✔ **...with a credit card** (...uiz ei *cre*-dit card; ...con
   una tarjeta de crédito).

✔ **...with cash** (...uiz cach; ...con dinero en efectivo).

Nota: También puedes decir **I'll pay in cash** (ail pei
in cach; pagaré en efectivo), pero evita decir *by* **cash**
(bai cach; por dinero).

Capítulo 4

Encantado de conocerte y charlemos un poco

• • • • • • • • • • • • • • • •

En este capítulo

▶ El saludo y la despedida

▶ Interacción formal e informal

▶ Los nombres estadounidenses

▶ Descripción de una persona

▶ La charla sobre el tiempo

▶ ¿Cómo está la familia?

▶ Temas incómodos que debes evitar

• • • • • • • • • • • • • • • •

*E*n este capítulo señalo algunas frases simples que te ayudarán a conocer gente. También descubrirás cómo presentar a tus amigos; cómo describir a las personas; y cómo continuar hablando después del saludo, sobre temas cotidianos (el clima, intereses personales, la familia, etc.).

El saludo

Puedes saludar a la gente con un simple **hello** (*je*-lou; hola) o **hi** (jai; hola), o puedes escoger una frase más específica para la ocasión. Por ejemplo:

✔ **Good morning** (gud *mor*-ning; buenos días). Usa esta frase antes del mediodía.

✔ **Good afternoon** (gud af-ter-*nu*-un; buenas tardes). Usa esta frase desde el mediodía hasta antes de que oscurezca (hacia las 17:00 h).

✔ **Good evening** (gud *i*-ven-ing; buenas noches). Usa esta frase después de que haya oscurecido (hacia las 17:00 o 18:00 h).

Good night (gud nait; buenas noches) no es un saludo (aunque sea de noche) sino una expresión para decir **goodbye** (gud-*bai*; adiós) por la noche. Si te encontraras con alguien y saludaras a esa persona con **good night**, diría: "¿Qué? ¿Ya te vas? ¡Pero si acabas de llegar!"

¿Cómo estás?

Muchas veces después de decir hola, y a veces en lugar de decir hola, la gente pregunta **How are you?** (jau ar iu; ¿cómo estás?). A continuación te presentamos una lista de algunos saludos comunes y cómo contestarlos. Fíjate que el primer saludo es muy formal; los otros son más bien informales.

How are you doing?
(jau ar iu *du*-ing;
¿cómo te va?)

Very well, thank you. And how are you?
(ve-ri uel zank iu and jau ar iu;
muy bien, gracias. ¿Y tú cómo estás?)

How are you?
(jau ar iu;
¿cómo estás?)

Not bad. What about you?
(not bad juat a-*baut* iu;
no estoy mal. ¿Y tú?)

How's it going?
(jaus it *go*-ing;
¿Cómo te va?)

Great. How about you?
(greit jau a-*baut* iu;
muy bien. ¿Y a ti?)

How are things?	**Fine. And you?**
(jau ar zings;	(fain and iu; bien
¿Cómo van las cosas?)	¿Y tú cómo estás?)

Cuando digas **How about you?**, pronuncia la palabra **you** con énfasis (acento). Y cuando digas **And *you*?**, pronuncia **you** con entonación fuerte al final. Por otro lado, cuando digas **How about *you*?** o **What about *you*?**, pronuncia **you** con un tono un poco fuerte al principio y con una entonación suave al final. El capítulo 1 te ofrece más ayuda con la pronunciación, el acento y la entonación.

El saludo **How are you *doing*?** tiene el mismo significado que **How are you?**, así que puedes contestar a las dos preguntas de la misma manera. Ten en cuenta que *How* are you doing? no quiere decir *What* are you doing? (juat ar iu *du*-ing; ¿qué estás haciendo?). Muy pocas personas se encuentran con otras en la calle y dicen **Hi, what are you doing?** porque la respuesta es obvia: "¡Estoy caminando por la calle!"

Independientemente de lo bien o mal que te sientas cuando alguien te pregunte **How are you?**, lo habitual es responder **I'm fine, thanks. And you?** (aim fain zanks and iu; estoy bien, gracias. ¿Y tú?). Por lo general, en situaciones formales, la gente responde así a desconocidos e incluso a conocidos. Claro que, con los verdaderos amigos y hasta con los compañeros de trabajo la gente sí suele decir cómo se siente de verdad. Por ejemplo:

✔ **terrific** (ter-*ri*-fic; divinamente)

✔ **fantastic** (fan-*tas*-tic; fantástico)

✔ **wonderful** (*uan*-der-ful; maravilloso)

✔ **okay** (ou-*kei*; bien)

✔ **so-so** (*so*-so; más o menos)

✔ **not so good** (not so gud; no muy bien)

✔ **terrible** (*ter*-ri-bul; fatal)

Los saludos informales

Mucha gente usa saludos **slang** (slang; es una palabra o frase informal, a menudo gramaticalmente incorrecta).

La siguiente lista te ofrece algunas modificaciones populares de **How are you?**, junto con sus posibles respuestas. El último ejemplo es una adaptación muy contemporánea y popular entre los jóvenes.

What's up? (juats op; ¿qué pasa?)	**Not much. What's up with you?** (not moch juats op uiz iu; no mucho. ¿Cómo vas tú?)
What's happening? (uats *jap*-en-ing; ¿qué pasa?)	**Nothing much. How about you?** (no-*zing* moch jau a-*baut* iu; no mucho. ¿Y tú?)
What's going on? (juats *go*-ing on; ¿qué pasa?)	**Not much. You?** (not moch iu; no mucho. ¿Y tú?)
Wassup? (*was*-sop; ¿'pasa?)	**Hey** (jei; eh)

Los saludos como **What's up?** y **What's going on?** tienen el mismo significado que **What are you doing?** Puedes contestar a estas preguntas diciendo lo que estás haciendo en ese momento, tal como **I'm studying** (aim *stu*-di-ing; estoy estudiando) o **I'm waiting for a friend** (aim *ueit*-ing for ei frend; estoy esperando a un amigo). Con frecuencia, la gente contesta a **What's up?** con **Not much** (not moch; no mucho) o **Nothing much** (no-*zing* moch; no mucho) y luego describen lo que en realidad están haciendo. Parece un poco raro, lo reconozco, pero así se comporta la gente.

Cómo despedirse

Cuando es hora de decir **goodbye** e irte, hay varias maneras de cerrar una conversación cortésmente. A continuación verás tres ejemplos:

- ✔ **I've got to go, now** (aiv got tu *go*-u nau; ya tengo que irme).
- ✔ **I'd better go** (aid *bet*-ter *go*-u; es mejor que me vaya).
- ✔ **It was nice talking to you** (it uas nais *tak*-ing tu iu; me ha gustado hablar contigo).

Y luego di:

- ✔ **Goodbye** (gud-*bai*; adiós).
- ✔ **Bye** (bai; adiós).
- ✔ **So long** (*so*-u long; hasta luego).
- ✔ **See you later** (*si*-i iu *lei*-ter; nos vemos).

Cómo presentarse

Antes de que digas **It's nice to meet you** (its nais tu *mi*-it iu; mucho gusto en conocerte), debes presentarte. Así que esta sección se centra en cómo hacer presentaciones (formales e informales).

Preséntate

Ya sea en una fiesta o en una reunión, es perfectamente aceptable presentarse uno mismo. A continuación verás dos maneras simples de hacerlo:

- ✔ **Hi. I'm** _____ (jai aim _____; hola. Soy_____).
- ✔ **Hello. My name is** _____ (*je*-lou mai neim is; hola. Me llamo_____).

O, si la situación requiere un saludo más formal, puedes decir:

✔ **I'd like to introduce myself. I'm** _____ (aid laik tu in-tro-*dus* mai-*self* aim _____; me gustaría presentarme. Me llamo _____).

✔ **I don't think we've met. I'm** _____ (ai don't zink uiv met aim _____; no creo que nos conozcamos. Me llamo _____).

La otra persona generalmente responde con su nombre. Pero si no lo hace, puedes agregar a tu presentación: **And what's your name?** (and uats ior neim; ¿y cómo se llama Ud.?)

Cuando alguien te diga **It's nice to meet you** (its nais tu *mi*-it iu; mucho gusto en conocerte), repite su respuesta y agrega la palabra **too** (*tu*-u; también). Por ejemplo: **It's nice to meet you, too** (its nais tu *mi*-it iu *tu*-u; mucho gusto en conocerte, también). Más fácil aún, puedes responder informalmente **Same here** (seim *ji*-ar; igualmente).

Sin embargo, no digas **Me too** (mi *tu*-u; yo también) cuando alguien te diga **It's nice to meet you**, porque eso significa "A mí también me alegra conocerme". Es chistoso, ¡pero no es precisamente lo que quieres decir!

Cómo presentar a otros

Tal vez necesites presentar a tus amigos o a tu familia a otras personas. Las siguientes presentaciones son informales, pero corteses:

✔ **This is** _____ (dis is _____; él/ella es _____).

✔ **Meet my friend** _____ (*mi*-it mai frend _____; te presento a mi amigo _____).

Y cuando la situación precisa una presentación formal, cualquiera de los siguientes métodos es apropiado:

✔ **Please let me introduce** _____ (*pli*-is let mi in-tro-*du*-us _____; por favor, permíteme presentarte a _____).

✔ **I'd like you to meet** _____ (aid laik iu tu _mi_-it
_____; quiero que conozcas a_____).

A veces las personas que estás presentando ya se han
conocido. Si no estás seguro, puedes decir:

✔ **Have you met** _____? (jav iu met _____; ¿ya
conoces a _____?)

✔ **Do you know** _____? (du iu _no_-u _____; ¿conoces a _____?)

¿Cómo te llamas?

Los nombres son importantes, así que de eso trata
esta sección: cómo preguntar el nombre de alguien y
dar el tuyo, cómo usar los nombres y títulos sociales
correctamente de acuerdo con la situación, y también
cómo ponen los nombres los estadounidenses.

El nombre de los nombres

Parece haber muchos términos para los nombres
en Estados Unidos. Por ejemplo, al llenar un formu-
lario, se te piden tres nombres: el primer nombre,
otro nombre (el segundo nombre o la letra inicial de
ése) y el apellido. No te enredes con tantos tipos de

Palabras para recordar

introduce	in-tro-du-us	presentarse
let me introduce	let mi in-tro-du-us	déjame presentarte a
to meet	tu mi-it	conocer
introduction	in-tro-duk-chion	presentación

nombres. Las siguientes pistas te pueden ayudar a
entenderlos:

- ✔ El **first name**, también conocido como **given
  name**, en general se menciona primero (obviamente). Los padres u otros familiares generalmente
  escogen estos nombres para sus hijos.
  Algunos nombres tienen una forma larga como
  Katherine y una forma abreviada como **Kathy**
  o **Kate**. Muchos nombres estadounidenses
  provienen de la Biblia, así que tal vez escuches
  también el término **Christian name** (*kris*-chion
  neim; nombre cristiano).

- ✔ No todas las personas tienen un **middle name**
  (*mi*-del neim; el segundo nombre), pero es muy
  común. Los padres, u otra persona, escogen
  este nombre. A veces es el nombre de un ante-
  pasado o un apellido. Mucha gente usa sus otros
  nombres o sus iniciales sólo para trámites ofi-
  ciales.

- ✔ El **last name** (last neim; apellido) es el apellido o
  surname. Cuando te presentes, di tu apellido al
  final, no al principio.

- ✔ Ese sobrenombre cariñoso que ponen las fami-
  lias a los pequeños y que se conserva incluso
  cuando son mayores se llama **nickname**. Estos
  apodos a veces se forman agregando la terminación **-y** o **-ie** a los nombres, como en **Joshy** o
  Joanie. Si deseas mantener una conversación
  divertida, pregúntale a alguien **Do you have a
  nickname?** (du iu jav ei *nik*-neim; ¿tienes un
  apodo?)

Usa algunas de las siguientes expresiones para identificarte y hablar de los nombres:

- ✔ **My first name is** _____ (mai ferst neim is _____;
  mi nombre es _____).

- ✔ **My middle name is** _____ (mai *mid*-del neim is
  _____; mi segundo nombre es _____).

- ✔ **My last name is** _____ (mai last neim is _____;
  mi apellido es _____).

✔ **My son's name is** _____ (mai sons neim is
   _____; el nombre de mi hijo es _____).

✔ **I call my son** _____ (ai col mai son _____; a mi
   hijo le llamo _____).

✔ **It's short for** _____ (its chort for _____; es el
   diminutivo de _____).

✔ **I'm named after** _____ (aim neimd *af*-ter
   _____; mi nombre proviene de _____).

Títulos y términos respetuosos

En la sociedad informal de Estados Unidos y en
situaciones no formales mucha gente se identifica
solamente con el nombre. Por ejemplo, en el trabajo o en el aula, un jefe o el profesor diría **You can
call me by my first name** (iu can col mi bai mai
ferst neim; me pueden llamar por mi nombre de
pila).

Si llamar a alguien por su primer nombre es demasiado informal y la situación exige un poco más de
respetabilidad, la tabla 4-1 te ofrece una idea de algunos tratamientos de cortesía.

Tabla 4-1   Tratamientos de cortesía

Título	Abreviación
Ms. (mis; genérico para mujer)	Ms.
Mister (*mis*-ter; señor)	Mr.
Miss (mis; señorita)	Miss
Missus (*mis*-is; señora)	Mrs.
Doctor (*doc*-tor; doctor)	Dr.
Professor (pro-*fes*-sor; profesor)	Prof.

Cómo describir a la gente: baja, alta, grande y pequeña

Si necesitas explicarle a alguien cómo identificarte en el aeropuerto, por ejemplo, o si quieres describir las virtudes físicas de tu novio o novia, es útil conocer algunas palabras descriptivas. En Estados Unidos se ve gente de todos los tamaños, estatura y color de piel, de ojos y de cabello. Las siguientes palabras te ayudarán a describir a la gente, y a ti mismo:

- ✔ **petite** (pe-*tit*; pequeño)
- ✔ **small** (smol; pequeño)
- ✔ **thin** (zin; delgado)
- ✔ **skinny** (*skin*-ni; flaco)
- ✔ **average** (*a*-ver-ich; común)
- ✔ **medium build** (*mi*-dium bild; complexión mediana)
- ✔ **big** (big; grande)
- ✔ **large** (larch; grande)
- ✔ **heavy** (*je*-vi; pesado)

Se considera descortés referirse a una persona muy **large** con el adjetivo **fat** (fat; gorda) o **chubby** (*cho*-bi; rechoncha). Las palabras aceptables son **large** o **heavy**. **Thin** y **slender** (*slen*-der; esbelta) son también palabras bastantes aceptables, pero **skinny** no es ningún elogio.

Los ojos y el cabello

Las siguientes palabras te ayudan a describir el color del cabello de una persona:

- ✔ **black** (blak; negro)
- ✔ **brown** (braun; café o castaño)
- ✔ **red** (red; pelirrojo)

✔ **blond** (blond; rubio)

✔ **strawberry blond** (*stra*-be-ri blond; rubio afresado)

✔ **gray** (grei; gris o canoso)

✔ **white** (uait; blanco)

Emplea las siguientes palabras para describir el tipo de pelo de una persona:

✔ **straight** (streit; lacio)

✔ **wavy** (*ue*-vi; ondulado)

✔ **curly** (*ker*-li; rizado)

✔ **kinky** (*kin*-ki; afro, alborotado)

✔ **balding/bald** (*bal*-ding /bald/; calvo)

Obviamente, este último término no es un tipo de pelo, pero describe la ausencia de éste.

Si deseas describir el color de los ojos de una persona, usa las siguientes palabras:

✔ **brown** (braun; cafés)

✔ **hazel** (*jei*-sel; cafés o castaños)

✔ **green** (*gri*-in; verdes)

✔ **blue** (blu; azules)

Las siguientes palabras te ayudarán a describir las características peculiares de una persona:

✔ **beard** (*bi*-ard; barba)

✔ **freckles** (*fre*-kels; pecas)

✔ **tattoo** (ta-*tu*-u; tatuaje)

✔ **mustache** (*mus*-tach; bigote)

✔ **glasses** (*glas*-es; lentes)

✔ **piercing** (*pi*-ar-sing; aretes o *piercings*)

Nuevas alturas

Es muy probable que conozcas tu **height** (jait; estatura) en metros (porque en tu país se usa el sistema métrico). Sin embargo, los estadounidenses no usan el sistema métrico y debes dar tu **height** en **inches** (*in*-ches; pulgadas) y en **feet** (*fi*-it; pies).

Éstas son algunas maneras de expresar la estatura:

✔ **I'm five feet, ten inches** (aim faiv *fi*-it ten *in*-ches; yo mido cinco pies, diez pulgadas).

✔ **I'm five feet, ten** (aim faiv *fi*-it ten; yo mido cinco pies, diez).

✔ **I'm five, ten** (aim faiv ten; yo mido cinco, diez).

Los jóvenes y los ancianos

Aunque preguntar la edad a alguien no es siempre cortés (ve al capítulo 4 para más información), la gente habla de la edad en determinadas situaciones. Hablar de la edad con tus **peers** (*pi*-ars; contemporáneos) —gente de la misma edad o etapa de la vida— es generalmente aceptable. Por supuesto, es siempre aceptable preguntar su edad a los niños ¡y a

Palabras para recordar

size	sais	tamaño
shape	cheip	forma
height	jait	estatura
weight	güeit	peso
feet	fit	pies
inches	in-ches	pulgadas

ellos les encanta decirla! Si quieres preguntar la edad a alguien, puedes decir:

✔ **How old are you?** (jau old ar iu; ¿qué edad tienes?)

✔ **May I ask your age?** (mei ai ask ior eich; ¿puedo preguntarte tu edad?)

Las siguientes son algunas formas de decir la edad de alguien, o la tuya:

✔ **I'm 30 years old** (aim *zir*-ti yi-ars old; tengo 30 años).

✔ **She's a five-year old** (*chi*-is ei faiv yi-ar old; ella tiene 5 años).

✔ **He's in his 50s** (jis in jis *fif*-tis; él anda en los cincuenta).

En inglés, el verbo **to be** (tu bi; ser o estar) se usa para expresar la edad —no el verbo **to have** (tu jav; tener), como en muchos otros idiomas. Los estadounidenses nunca dicen que ellos **have years** (jav yi-ars; poseen años); por el contrario, dicen **I am** _____ **years old** (ai am _____ yi-ars old; yo soy o estoy _____ años viejo).

Si no necesitas decir la edad con precisión, puedes decirla de una forma que describa una etapa que abarca esa edad. Observa las palabras y los términos siguientes y sus significados:

✔ **Infant** (*in*-fant; bebé): Un recién nacido

✔ **Baby** (*bei*-bi; bebé): Un bebé o niño de 1 o 2 años de edad

✔ **Toddler** (*tod*-ler; niño o niña): Un niño que empieza a caminar

✔ **Child** (chaild; niño o niña): De los 2 años en adelante

✔ **Adolescent** (a-do-*les*-ent; adolescente): De 12 a 14 años de edad

✔ **Teenager** (*ti*-in-eich-er; muchacho/a) o **teen** (*ti*-in; muchacho/a): De 13 a 19 años de edad

✔ **Young adult** (yong a-*dult*; joven): Una persona de unos 20 años

✔ **Adult** (*a-dult*; adulto): Una persona físicamente madura y con derechos

✔ **Middle age** (*mi*-del eich; señor o señora de mediana edad): Una persona entre los 40 y los 50 años de edad

✔ **Senior** (*si*-nior; mayor): Persona mayor de 65 años de edad

✔ **Elderly person** (*el*-der-li *per*-son; anciano/a): Una persona muy anciana

Preguntas sencillas para romper el hielo

Después de las presentaciones puedes continuar la conversación si sabes cómo hacer preguntas simples. (Tal vez te suenen algunas del capítulo 2.) Recuerda que, en inglés, sólo se usa una forma del **you** para situaciones formales e informales y cuando hablas con más de una persona. A continuación tienes algunos ejemplos:

✔ **Do you speak English?** (du iu *spi*-ik *ing*-lich; ¿hablas inglés?)

✔ **What kind of work do you do?** (juat kaind of uork du iu du; ¿en qué trabajas? o ¿a qué te dedicas?)

✔ **What's your name?** (juats ior neim; ¿cómo te llamas?)

✔ **Where are you from?** (jueir ar iu from; ¿de dónde eres?)

Las siguientes preguntas te serán útiles para conocer a alguien:

✔ **Are you married?** (ar iu *mer*-rid; ¿estás casado?)

✔ **Do you have children?** (du iu jav *chil*-dren; ¿tienes hijos?)

✔ **How old are you?** (jau old ar iu; ¿cuántos años tienes?)

En el capítulo 2 encontrarás más detalles sobre cómo formar preguntas con las palabras **what, where, how**.

Conversar sobre el tiempo

El **weather** (*ue*-der; tiempo) nos afecta a todos, así que no es una sorpresa que la meteorología sea el tema de conversación más común. Puedes hablar sobre el tiempo usando el pronombre **it** (it; esto), tal como en **It is sunny today** (it is *san*-ni tu-*dei*; hace sol hoy). En esta oración, la palabra **it** no se refiere a ningún sujeto específico; se refiere al estado general del tiempo. Ten en cuenta que los estadounidenses casi siempre usan la contracción **it's** (its; él o ella está) en lugar de **it is**. (Consulta el capítulo 2 para más detalles sobre cómo formar las contracciones.)

Veamos algunos ejemplos del uso de **it's** y las palabras relacionadas con el tiempo:

✔ **It's hot** (its jot; hace mucho calor).

✔ **It's cold** (its could; hace frío).

✔ **It's warm** (its uarm; hace calor).

✔ **It's dry** (its drai; está seco).

✔ **It's raining** (its *rein*-ing; está lloviendo).

✔ **It's snowing** (its *snou*-ing; está nevando).

✔ **It's windy** (its *uin*-di; hace viento).

✔ **It's humid** (its *ju*-mid; está húmedo).

✔ **It's cloudy** (its *clau*-di; está nublado).

✔ **It's sunny** (its *son*-ni; hace sol).

Pero si quieres conversar sobre el tiempo del pasado
o del futuro, sigue estos consejos:

✔ Para el tiempo de ayer, usa **was** (uas; hizo), el
  pasado singular del verbo **to be**. Por ejemplo: **It
  was cold yesterday** (it uas could *ies*-ter-dei; hizo
  frío ayer).

✔ Para el tiempo de mañana, usa el verbo **will be**
  (uil bi; estará), el futuro de **to be**. Por ejemplo:
  It will be cloudy tomorrow (it uil bi *clau*-di tu-
  mor-rou; mañana estará nublado).

Cuando se habla del tiempo en futuro, muchas veces
se dice **I hope**... (ai joup; espero) o **It might**... (it mait;
tal vez), porque nadie puede estar completamente
seguro de qué tiempo hará mañana, ¡ni siquiera los
meteorólogos o los videntes!

A continuación algunos "inicios" (y sus respuestas)
comunes para una conversación sobre el tiempo:

It's a beautiful day, isn't it?
(its ei *biu*-ti-ful dei *is*-ent it;
hace un buen día ¿no?)

Yes, it is!
(ies it is;
¡sí, sí lo hace!)

It sure is hot today, isn't it?
(it chur is jot tu-*dei is*-ent it;
hace mucho calor hoy, ¿no?)

It sure is!
(it chur is;
¡ciertamente!)

**Nice weather, don't you
think?**
(nais *ue*-der dont iu zink;
qué tiempo tan agradable, ¿no
te parece?)

Yes, I do
(ies ai du;
sí, estoy de
acuerdo).

Las frases que comienzan una charla a
menudo terminan con una pregunta que va
después de la oración declarativa, o principal. Si quieres hacer esa pregunta, recuerda
que cuando la oración principal es afirmativa
It's a nice day... (its ei nais dei; hace un buen
día), la pregunta es negativa: **...isn't it?** (*is*-
ent it; ¿no?). Por otro lado, si la oración principal es negativa, **It's not very warm today**...
(its not *ve*-ri uarm *tu*-dei; no hace mucho

calor hoy), la pregunta es afirmativa: **...is it?**
(is it; ¿verdad?)

No dejes que se acabe la conversación

Hablar sobre el tiempo es una buena manera de esta-
blecer una conversación, pero después de un rato
seguramente querrás hablar de otros temas, tales
como la familia, el trabajo, tus preferencias y acontecimientos cotidianos. Las próximas secciones presentan algunos de los temas más comunes en las charlas
de los estadounidenses.

¿Dónde vives?

Lo más probable es que al conocer a alguien, esa persona te pregunte de dónde eres. Luego, seguramente
querrá intercambiar direcciones y números de teléfono. A continuación te muestro cómo formular estas
preguntas en inglés:

✔ **Where do you live?** (juer du iu liv; ¿dónde
  vives?)

✔ **What's your address?** (wats iour *ad*-dres; ¿cuál
  es tu dirección?)

✔ **Can I have your phone number?** (can ai jav ior
  fon *nom*-ber; ¿me das tu número de teléfono?)

En tu respuesta, tal vez querrás usar una de estas
frases:

✔ **I live in Dallas, Texas** (ai liv in *dal*-las *teks*-as;
  vivo en Dallas, Texas).

✔ **I live in an apartment** (ai liv in an a-*part*-ment;
  vivo en un apartamento).

✔ **I live at 220 Forest Road** (ai liv at tu *twen*-ti *for*-
  est roud; vivo en la calle Forest, número 220).

Hoy en día es más común dar la dirección de correo electrónico que la del domicilio. En inglés, cuando dés una dirección electrónica (*e-mail*), el símbolo @ se pronuncia **at** (at; en) y el punto se pronuncia **dot** (dot; punto).

Taller de conversación: el trabajo y la escuela

Para la mayoría de nosotros el trabajo y/o la escuela consumen mucho tiempo del día, así que estas actividades son temas comunes de conversación en muchas partes del mundo, incluido Estados Unidos. Los siguientes ejemplos te enseñarán a formular preguntas en inglés sobre dichos temas, para cuando conozcas a alguien:

✔ **What kind of work do you do?** (uat kaind of u-*ork* du iu du; ¿a qué te dedicas?)

✔ **Where do you work?** (juer du iu u-*ork*; ¿dónde trabajas?)

✔ **What school are you going to?** (uat *sku*-ul ar iu *go*-ing tu; ¿a qué escuela vas?)

Palabras para recordar

address	a-dres	dirección
phone number	fon nom-ber	número de teléfono
to live	tu liv	vivir
to work	tu uork	trabajar
to study	tu sto-di	estudiar
school	sku-ul	escuela

✔ **What are you studying?** (uat ar iu *sto*-di-ing;
¿qué estudias?)

En inglés, cuando hablas sobre tu profesión, puedes
decir **I'm *a* teacher** (aim ei *ti*-cher; soy maestro), o
She is *an* artist (chi is an *ar*-tist; ella es artista). Usa el
artículo **a** o **an**. (Si deseas practicar más la conversación
sobre las profesiones, ve al capítulo 14.)

Cómo expresar gustos y preferencias

La sencilla y útil pregunta **Do you like...?** (du iu laik;
¿te gusta?) puede mantener viva una conversación
acerca de lo que te interesa, tus preferencias, tu
música favorita, etc. Observa las siguientes preguntas
y respuestas:

Do you like jazz?
(du iu laik yas;
¿te gusta el jazz?)

Yes, I do
(yes ai du;
sí, me gusta).

**Do you like computer
games?**
(du iu laik *com*-piu-ter
gaims;
¿te gustan los juegos de
computadora?)

No, not much
(nou not moch;
no, no mucho).

Do you like cats?
(du iu laik cats;
¿Te gustan los gatos?)

Not really. I prefer dogs
(not *ri*-i-li ai pri-*fer* dogs;
no mucho. Prefiero los
perros).

Otra pregunta para continuar una conversación es
How do you like...? (jau du iu laik; ¿qué te parece...?)
Esta pregunta pide tu opinión acerca de algo, mientras que la pregunta **Do you like...?** requiere sólo **yes**
o **no** como respuesta. Observa las siguientes parejas
de preguntas y respuestas:

**How do you like this
town?**
(jau du iu laik dis taun;
¿qué te parece este
pueblo?)

I like it. It's great!
(ai laik it its *gre*-it;
me gusta. ¡Es magnífico!)

How do you like your psychology class?
(jau du iu laik ior sai-*co*-lo-yi clas;
¿qué te parece tu clase de sicología?)

It's interesting
(its *in*-trest-ing;
es interesante).

How do you like my haircut?
(jau du iu laik mai jeir cot;
¿qué te parece mi corte de pelo?)

Hmm. It's very short
(jm its *ve*-ri chort;
mmm. Es muy corto).

¿Todavía no sabes hablar mucho inglés pero quieres charlar? Voy a ofrecerte un truco fácil de usar: cuando alguien te haga una pregunta, contesta y luego devuelve la pregunta, usando una de estas frases:

✔ **And you?** (and iu; ¿y tú?)

✔ **How about you?** (jau a-*baut* iu; ¿y tú?)

✔ **What about you?** (juat a-*baut* iu; ¿y tú?)

A continuación tienes unas parejas de preguntas y respuestas para que practiques:

Are you a student?
(ar iu ei *stu*-dent;
¿eres estudiante?)

Yes, I am. What about you?
(yes ai am juat a-*baut* iu;
sí. ¿Y tú?)

Do you have any pets?
(du iu jav *e*-ni pets;
¿tienes alguna mascota?)

Yes, two cats. How about you?
(yes tu cats jau a-*abaut* iu;
sí, dos gatos. ¿Y tú?)

Hablar sobre la familia

A la mayoría de la gente le gusta hablar sobre su **family** (*fa*-mi-li; familia). Veamos algunas palabras útiles:

✔ **mom** (mom; madre/mamá)

✔ **dad** (dad; padre/papá)

✔ **parents** (*par*-ents; padres)

✔ **children/kids** (*chil*-dren/kids; hijos/niños)

✔ **daughter** (*do*-ter; hija)

✔ **son** (son; hijo)

✔ **sister** (*sis*-ter; hermana)

✔ **brother** (*bro*-der; hermano)

✔ **siblings** (*sib*-lings; hermanos)

He aquí los nombres de otros **relatives** (*re*-la-tivs; familiares o parientes):

✔ **aunt** (ant; tía)

✔ **uncle** (*on*-kel; tío)

✔ **cousin** (*co*-sin; primo o prima)

✔ **niece** (*ni*-is; sobrina)

✔ **nephew** (*ne*-fiu; sobrino)

✔ **grandmother** (*grand*-mo-der; abuela)

✔ **grandfather** (*grand*-fa-der; abuelo)

✔ **stepmom** (*step*-mom; madrastra)

✔ **stepdad** (*step*-dad; padrastro)

✔ **stepchild** (*step*-chaild; hijastro o hijastra)

Hablar de la familia es fácil si sabes formular algunas sencillas preguntas. A las personas que acabas de conocer, puedes preguntarles:

✔ **Do you have any children?** (du iu jav e-ni *chil*-dren; ¿tiene hijos?)

✔ **Where does your family live?** (juer dous ior *fa*-mi-li liv; ¿dónde vive tu familia?)

A las personas que ya conoces, puedes preguntarles:

✔ **How are your parents?** (jau ar ior *par*-ents; ¿cómo están tus padres?)

✔ **How's your husband?** (jaus ior *jos*-band; ¿cómo está tu marido?)

✔ **How's your wife?** (jaus ior uaif; ¿cómo está tu esposa?)

✔ **How old are your children now?** (jau old ar ior *chil*-dren nau; ¿qué edades tienen tus hijos?)

Si oyes a la gente hablar de los **in-laws** (in los; los suegros), ten en cuenta que no se refieren a nuevas leyes o abogados. Se están refiriendo a los padres de su marido o mujer. Los padres de tu cónyuge son tu **mother-in-law** (*mo*-der in lo; suegra) y tu **father-in-law** (*fa*-der in lo; suegro). Esto hace que tú seas **daughter-in-law** (*do*-ter in lo; nuera) o **son-in-law** (son in lo; yerno).

Capítulo 5

Disfrutar de la comida y la bebida

● ● ● ● ● ● ● ● ● ● ● ● ● ● ● ● ● ● ●

En este capítulo

▶ Vocabulario gastronómico

▶ Cómo hacer una reservación en un restaurante

▶ El menú

▶ Cómo pedir la comida y la bebida

● ● ● ● ● ● ● ● ● ● ● ● ● ● ● ● ● ● ●

C uando uno piensa en la mejor comida del mundo, probablemente no tiene en cuenta la comida de los países de habla inglesa. De hecho, puedes incluso preguntarte si "arte culinario" es una palabra apta para describir la comida asociada a Estados Unidos: hamburguesas, salchichas, papas fritas y pizza congelada... (es verdad que la pizza es italiana, ¡pero la pizza congelada es un invento estadounidense!)

Por fortuna, la experiencia gastronómica estadounidense incluye mucho más que **fast food** (fast fud; comida rápida). Personas de todo el mundo han acercado sus variados gustos y tradiciones, influyendo sobre las comidas regionales y produciéndose magníficos resultados, como la comida **cajun** (*kei*-yon; natural del estado de Louisiana y de ascendencia francesa) y la **tex-mex** (teks-*meks*; del área de Texas y con una fuerte tradición mexicana). Sigue leyendo para aprender algunas expresiones gastronómicas esenciales para seleccionar y pedir comida en Estados Unidos. Claro, también hablo un poco de la **fast food**. Así que, ¡buen provecho!

Cómo expresar el hambre y la sed

Cuando tu estómago dice que es hora de **eat** (it; comer) o cuando necesitas algo de **drink** (drink; beber) para aplacar la sed, usa las expresiones que aparecen a continuación:

- ✔ **I'm hungry** (aim jon-gri; tengo hambre)
- ✔ **I'm thirsty** (aim zurs-ti; tengo sed)
- ✔ **Let's eat** (lets i-it; vamos a comer)

I'm hungry (aim *jon*-gri; tengo hambre) es hablar directo e ir al grano: ¡quieres comer! Pero algunas expresiones comunes no son tan obvias. Por ejemplo, cuando uno tiene mucha hambre, podría decir:

- ✔ **I'm so hungry, I could eat a horse!** (aim sou *jon*-gri ai cud *i*-it ei jors; ¡tengo tanta hambre que me comería un caballo!)
- ✔ **I'm starving** (aim *star*-ving; me estoy muriendo de hambre)
- ✔ **I'm famished** (aim *fa*-micht; me muero de hambre).

Las tres comidas

La hora de comer en Estados Unidos es una ocasión social, a menos que estés saliendo a todo correr para el trabajo o sólo tengas tiempo para una breve pausa. Por esta razón, pasarás algún tiempo alrededor de la mesa gozando de la compañía de los demás. Aunque el estilo apresurado de la vida de hoy está cambiando la manera en que come la gente, todavía lo normal para la mayoría de los estadounidenses son tres comidas al día. Las próximas secciones describen las comidas del día. ¿Ya tienes hambre?

¿Qué hay para desayunar?

Cuando tienes hambre por la mañana, puedes preguntar **What's for breakfast**? (juats for *brek*-fast; ¿qué hay para desayunar?) **Breakfast** significa literalmente **break the fast** (breik da fast; romper el ayuno). La gente desayuna a cualquier hora de la mañana, pero como el desayuno es una comida tan popular, algunos restaurantes lo anuncian: "Se sirve desayuno todo el día".

He aquí algunos alimentos típicos para el desayuno:

✔ **bacon** (*bei*-con; tocino)

✔ **cereal** (*si*-ri-al; cereales)

✔ **eggs** (eks; huevos)

✔ **French toast** (french toust; pan tostado a la francesa)

✔ **pancakes** (*pan*-keiks; panqués)

✔ **sausage** (*so*-seich; salchicha)

✔ **toast** (toust; pan tostado)

✔ **waffles** (*ua*-fels; wafles)

Y éstas son algunas bebidas para completar el desayuno:

✔ **coffee** (*co*-fi; café)

✔ **juice** (yuis; jugo)

✔ **tea** (*ti*-i; té)

A pesar de toda esta variedad, mucha gente, entre semana, desayuna a toda prisa una taza de café y un pan tostado. Pero los fines de semana la gente suele levantarse tarde y luego sale a comer un **brunch** (bronch; una combinación de desayuno y almuerzo). Generalmente, el **brunch** se sirve al estilo **buffet,** con todos los alimentos típicos de un desayuno y algunos de los platos principales del almuerzo. Además de las **omelets** (*om*-lets; huevos a la francesa) y otros platos con huevos, puedes encontrar **fruit** (frut; fruta), **pastries** (*peis*-tris; pasteles o repostería), **muffins** (*mo*-fins; panecillos dulces) y, tal vez, también **champagne** (cham-*pein*; champán).

¿Qué hay para comer?

Entre las 12.00 y la 13.00 h es hora de decir **Let's have lunch!** (lets jav lonch; ¡vamos a almorzar!) La mayoría de la gente deja lo que está haciendo para conseguir algo rápido de comer o calienta algo en el horno de microondas de la oficina. Pero para otras personas, un almuerzo caliente y abundante es la principal comida del día.

Las siguientes comidas son típicas de un almuerzo:

- ✔ **salad** (*sa*-lad; ensalada)
- ✔ **sandwich** (*sand*-uich; sándwich)
- ✔ **soup** (*su*-up; sopa)
- ✔ **microwaveable meal** (*mai*-crou-uev-a-bel *mi*-il; comida que se calienta en el horno microondas)

Por lo general puedes usar **to eat** (tu *i*-it; comer) o **to have** (tu jav; tener) para hablar de la comida. Por ejemplo, **Let's eat lunch** (lets *i-it* lonch; vamos a comer) y **Let's have lunch** (lets jav lonch; vamos a tomar la comida) tienen el mismo significado. Puedes usar **to drink** (tu drink; tomar o beber) o **to have** para referirte a una bebida: **I drink coffee every morning** (ai drink *co*-fi *e*-ver-i *mor*-ning; tomo café todas las mañanas) y **I have coffee every morning** (ai jav *co*-fi *e*-ver-i *mor*-ning; tomo café cada mañana).

¿Qué hay para cenar?

Al final de la tarde puedes preguntar **What should we have for dinner?** (juat chud ui jav for *di*-ner; ¿qué cenaremos?) La hora de la cena empieza alrededor de las 5 de la tarde, pero mucha gente come alrededor de las 6. Generalmente ésta es la comida fuerte del día y prácticamente es la única que reúne a toda la familia.

Una típica cena incluye un **main course** (mein cors; plato fuerte), tal como:

✔ **casserole** (*ca*-se-rol; guiso)

✔ **fish** (fich; pescado)

✔ **meat** (*mi*-it; carne)

✔ **pizza** (*pit*-sa; pizza)

✔ **poultry** (*poul*-tri; pollos)

✔ **spaghetti** (spa-*gue*-ti; espagueti)

Y también uno (o todos) de los siguientes **side dishes** (said *di*-ches; guarniciones):

✔ **bread** (bred; pan)

✔ **potatoes** (pou-*tei*-tous; papas)

✔ **rice** (rais; arroz)

✔ **salad** (*sa*-lad; ensalada)

✔ **vegetables** (*vech*-ta-buls; verduras cocidas)

En el capítulo 6 encontrarás el vocabulario específico para las verduras y frutas.

En algunas regiones del país, como en ciertas zonas del sudeste de Estados Unidos, la gente hace su comida fuerte al mediodía y luego hace otra comida más ligera —llamada **supper** (*so*-per; cena ligera)— al anochecer. Claro, si tienes hambre entre las comidas, puedes comer un pequeño **snack** (snak; tentempié o merienda).

Cuando tú **set the table** (set da *tei*-bul; pones la mesa) para la cena, es posible que uses estos utensilios:

✔ **silverware** (*sil*-ver-uer; cubiertos): **forks** (forks; tenedores); **knives** (naivs; cuchillos); **spoons** (*spu*-uns; cucharas)

✔ **dishes** (*di*-ches; vajilla): **bowls** (bouls; platos hondos o tazones); **cups** (cops; tazas); **glasses** (*glas*-es; vasos); **plates** (pleits; platos)

✔ **other items** (*o*-der *ai*-tems; otros elementos): **placemats** (*pleis*-mats; individuales o manteles personales); **salt and pepper shakers** (salt and *pe*-per cheik-ers; saleros y pimenteros); **table-cloth** (*tei*-bul cloz; mantel)

Comer en un restaurante

Dining out (*dain*-ing aut; comer fuera de casa) te da acceso a una variada y deliciosa selección de comida internacional y te brinda la oportunidad de probar la comida estadounidense y de familiarizarte con la cultura del país. Esta sección te ayudará a estar tranquilo cuando alguien te diga **Let's go out to eat!** (lets gou aut tu *i*-it; ¡salgamos a comer!)

Incluso entre semana, los restaurantes más populares pueden estar completamente llenos. Así que si quieres una mesa, llama con anticipación para reservar; de lo contrario, prepárate para esperar. A continuación incluyo una frase muy importante: **I'd like to make a reservation for three people for tomorrow night** (aid laik tu meik ei re-ser-*vei*-chion for zri *pi*-pol for tu-*mo*-rou nait; quiero reservar una mesa para tres personas para mañana por la noche).

Pero si no ves un **host** (joust; anfitrión) o una **hostess** (*joust*-es; anfitriona) a la entrada, y hay un letrero que dice **Please seat yourself** (*pli*-is *si*-it ior-*self*; por favor siéntese usted mismo), pasa adelante y siéntate en cualquier mesa libre.

En Estados Unidos se considera de muy mala educación sentarse en una silla vacía de una mesa ya ocupada en un café, aunque sea la única silla disponible. Esta costumbre tal vez te parezca ilógica, pero normalmente es así. Sin embargo, encontrarás algunas excepciones a esta regla no escrita en las escuelas y en las cafeterías de las oficinas, donde puedes preguntar, cuando veas una silla desocupada en la mesa, **Is this seat taken?** (is dis sit *tei*-ken; ¿está ocupada, esta silla?).

Cómo pedir de la carta

Escoger lo que quieres del menú puede ser toda una aventura. En un restaurante de cocina continental tal vez reconozcas algunos platos prestados de tu cul-

Palabras para recordar

to seat	tu si-it	sentar o sentarse
to wait	tu ueit	esperar
to dine out	tu dain aut	comer fuera de casa
to make a reservation	tu meik ei re-ser-vei-chion	hacer una reservación

tura (aunque probablemente el sabor esté bastante modificado). Sin embargo, algunos platos del menú puede que tengan nombres tan creativos que sea imposible saber qué clase de comida es, a menos que preguntes. He aquí algunas maneras de preguntar y unas cuantas preguntas útiles para pedir la comida:

✔ **Excuse me. What's this?** (eks-*kius* mi juats dis; disculpe, ¿qué es esto?)

✔ **Can you tell me about this item?** (can iu tel mi a-*baut* dis *ai*-tem; ¿me puede describir este plato?)

✔ **Which items are vegetarian?** (juich *ai*-tems ar ve-ye-*ter*-i-an; ¿qué platos son vegetarianos?)

Casi cualquier plato que pidas, y más aún el plato fuerte, presenta opciones adicionales: cómo quieres la carne, cómo deseas las papas, qué clase de sopa o ensalada, tipo de salsa, etc. Echa un vistazo a las siguientes secciones para descubrir algunas de tus opciones.

Carnes

Algunas de las opciones incluyen:

✔ **beef** (*bi*-if; carne de res)

✔ **lamb** (lam; carne de cordero)

✔ **pork** (pork; carne de cerdo)

El mesero te puede preguntar **How do you want your meat?** (jau du iu uant ior *mi*-it; ¿cómo quiere la carne?). Escoge entre las siguientes respuestas:

✔ **medium** (*mi*-di-om; al punto)

✔ **rare** (reir; poco hecha)

✔ **well-done** (uel don; bien cocida)

Si quieres un intermedio entre esas opciones, pide **medium-rare** (*mi*-di-om reir; más bien cruda) o **medium-well** (*mi*-di-om uel; entre hecha y muy hecha).

Papas

He aquí algunas de las opciones para las papas:

✔ **baked potato** (beikt pou-*tei*-tou; papa al horno o asada), que se sirve con una de las siguientes salsas (si no puedes decidirte por una en particular, adelante, escoge las tres): **sour cream** (saur *cri*-im; crema agria); **butter** (*bo*-ter; mantequilla); **chives** (chaivs; cebollas de Cambray)

✔ **French fries** (french frais; papas fritas)

✔ **mashed potatoes** (macht pou-*tei*-tous; puré de papas)

Aderezo de ensalada

Si no has probado antes estas salsas, puedes pedir una prueba antes de pedir:

✔ **blue cheese** (blu *chi*-is; de queso azul)

✔ **French** (french; francés)

✔ **Italian** (i-*tal*-ian; italiano)

✔ **ranch** (ranch; ranchero)

✔ **thousand island** (*zau*-sand *ai*-land; mil islas)

Refrescos o bebidas

Puedes tomar con confianza el agua de mesa (o de la llave) en cualquier restaurante de Estados Unidos. La selección de bebidas probablemente es muy parecida a la de tu país. Por ejemplo, puedes escoger entre:

✔ **milk** (milk; leche)

✔ **soda** (*sou*-da; refrescos, sodas o gaseosas)

✔ **hot coffee/tea** (jot *co*-fi/ti; café o té caliente)

✔ **alcoholic beverages** (al-co-*jo*-lic *bev*-rich-es; bebidas alcohólicas)

Conversación con quien te atiende

Un mesero experimentado no viene a tu mesa continuamente pero está pendiente en caso de que necesites algo. Si necesitas pedirle algo durante la comida, debe ser fácil llamar su atención. Entonces puedes decir **Excuse me. May I please have...?** (eks-*kius* mi mei ai *pli*-is jav; disculpe. Por favor, ¿puede traerme...?), seguido de alguno de los elementos de la siguiente lista:

✔ **more water** (mor *ua*-ter; más agua)

✔ **some coffee** (som *co*-fi; café)

✔ **another glass of wine** (a-*no*-der glas of uain; otra copa de vino)

✔ **the check** (da chek; la cuenta)

La cuenta, por favor

Cuando hayas terminado de comer, el mesero recogerá tus platos y te preguntará si quieres café o algún postre. Si deseas algo dulce al final de la comida, te sugiero los siguientes **desserts** (de-*surts*; postres):

✔ **cake** (keik; pastel)

✔ **cookies** (*cuk*-is; galletas)

✔ **custard** (*cos*-tard; flan)

✔ **ice cream** (ais *cri*-im; helado)

✔ **pie** (pai; pastel)

✔ **sherbet** (*cher*-bet; sorbete)

Cuando termines el último bocado de tu postre y hayas tomado el café, el mesero te traerá **the bill** (da bil; la cuenta) o **the check** (da chek; la cuenta), un recuento de tu consumo, más el **tax** (taks; impuesto). Para evitar una situación embarazosa al final de la comida, al hacer tu reservación o antes de sentarte a comer pregunta qué formas de pago acepta el restaurante. Algunos restaurantes no aceptan cheques personales o ciertas tarjetas de crédito.

En Estados Unidos se espera que dejes propina. De hecho, lo común es dejar una **tip** (tip; propina) o **gratuity** (gra-*tu*-i-ti; propina de cortesía) de un 15 al 20 por ciento de la cuenta antes de sumar los impuestos. Por supuesto, puedes dejar más si crees que recibiste un servicio excelente, o menos, si consideras que el servicio fue mediocre. Si estás con un grupo grande de comensales, automáticamente agregarán a tu cuenta una propina del 15 al 20 por ciento.

En los restaurantes estadounidenses las porciones de comida con frecuencia son enormes, así que llevarte a casa lo que te sobró o pedir una **doggie bag** (*do*-gui bak; bolsa para el perrito) no es algo humillante. Al contrario, es una costumbre habitual hasta en restaurantes finos o de última moda. En otra época, la **doggie bag** era realmente para el perro, pero ahora, para la mayoría de la gente, las sobras de la cena de hoy son el almuerzo de mañana, ¡dos comidas por el precio de una! Si deseas llevarte la comida que te ha sobrado, sólo tienes que decir:

✔ **May I have a doggie bag?** (mei ai jav ei *do*-gui bak; ¿me trae una bolsita para el perro?)

✔ **I'd like to take this home** (aid laik tu teik dis joum; me gustaría llevarme esto a casa).

Palabras para recordar

dessert	de-surt	postre
the bill	da bil	la cuenta
the check	da chef	la cuenta
tax	taks	impuesto
gratuity	gra-tu-i-ti	propina
doggie bag	do-gui bag	bolsita para comida sobrante

Capítulo 6

De compras

* * * * * * * * * * * * * * * * * *

En este capítulo

▷ Los comestibles

▷ Cómo comprar ropa

▷ Cómo encontrar tu talla

▷ Comparaciones

* * * * * * * * * * * * * * * * * *

En este capítulo te ofrezco toda la información necesaria para que goces de unas exitosas compras, encuentres los artículos que buscas, pidas ayuda y entiendas las tallas y los precios. Así que coge el dinero y tu tarjeta de crédito, ¡porque nos vamos de compras!

Directo al supermercado

En la mayoría de las ciudades y pueblos encontrarás pequeñas **grocery stores** (*grou*-che-ri stors; tiendas de abarrotes), comúnmente conocidas como **corner markets** (*cor*-ner *mar*-kets; tiendas de la esquina) o **mom and pop stores** (mom and pop stors; tiendas de "mamá y papá"). Estas tiendas a menudo son comercios que pertenecen a una familia; allí venden un poquito de todo, pero no encontrarás una gran variedad de marcas.

Si deseas variedad y posiblemente ofertas, dirígete a un **supermarket** (*su*-per *mar*-ket; supermercado).

Maniobrar por los pasillos

Las siguientes son algunas expresiones esenciales para pedir ayuda. No olvides empezar con **Excuse me** (eks-*kius* mi; disculpe) o **Pardon me** (*par*-don mi; perdone).

- ✔ **Where can I find** _____? (juer can ai faind; ¿dónde puedo encontrar?)
- ✔ **Where is/are the** _____? (juer is/ar da; ¿dónde está/están el/la las/los _____?)
- ✔ **Do you sell** _____? (du iu sel; ¿venden _____?)

Comprar fruta y verdura

Éstas son algunas de las frutas que habitualmente encuentras en un supermercado:

- ✔ **apple** (*ap*-pel; manzana)
- ✔ **banana** (ba-*na*-na; banana o plátano)
- ✔ **grapes** (greips; uva)
- ✔ **lemon** (*le*-mon; limón)
- ✔ **lime** (laim; lima)
- ✔ **mango** (*man*-gou; mango)
- ✔ **melon** (*me*-lon; melón)

Palabras para recordar

shopping	chop-ping	compra
shopping cart	chop-ping cart	carrito de compras
basket	bas-ket	cesta
aisle	ail	pasillo

✔ **orange** (*o*-rench; naranja)

✔ **papaya** (pa-*pai*-ya; papaya)

✔ **peach** (*pi*-ich; durazno)

✔ **pear** (peir; pera)

✔ **pineapple** (*pain*-ap-pel; piña)

✔ **strawberry** (*stra*-ber-ri; fresa)

Esta lista incluye las verduras y legumbres que es corriente encontrar en el supermercado:

✔ **beans** (*bi*-ins; habas, frijoles)

✔ **broccoli** (*bro*-co-li; brócoli)

✔ **cabbage** (*ca*-bech; col)

✔ **carrot** (*ker*-rot; zanahoria)

✔ **celery** (*se*-le-ri; apio)

✔ **cucumber** (*kiu*-com-ber; pepino)

✔ **lettuce** (*le*-tus; lechuga)

✔ **mushroom** (*moch*-ru-um; champiñones)

✔ **onion** (*o*-ni-on; cebolla)

✔ **pea** (*pi*-i; chícharos)

✔ **pepper** (*pe*-per; chile o pimiento)

✔ **potato** (pou-*tei*-tou; papa)

✔ **squash** (skuach; calabaza)

✔ **tomato** (tou-*mei*-tou; jitomate o tomate)

Uso de los adjetivos cuantitativos o numerales

Algunas cosas pueden describirse con números. Es decir, puedes referirte a ciertos sustantivos contándolos. Por ejemplo, puedes decir **one apple** (uon *ap*-pel; una manzana) o **two apples** (tu *ap*-pels; dos manzanas) porque la palabra manzana es un sustantivo determinado por un adjetivo numeral y en inglés se le llama **count noun**.

A veces, sin embargo, no es posible usar números para describir cantidades, como en el caso de la **salt** (salt; sal) y la **lettuce**. Por ejemplo, no se debe decir **two salts** (tu salts; dos sales) o **three lettuces** (zri *le*-tus-es; tres lechugas); son **noncount nouns**.

Para expresar cantidades generales puedes usar las palabras **some** (som; algo), **any** (*e*-ni; alguno), **a little** (ei *lit*-tel; un poco), **a lot of** (ei lot of; mucho de), pero no **a** o **an** (an; un o una). Por ejemplo, puedes decir **a little juice** (un poquito de jugo), pero no es correcto decir **four milks** (for milks; cuatro leches); es mejor decir **four glasses of milk** (for *glas*-es of milk; cuatro vasos de leche). No se puede contar la leche, pero sí los vasos.

En la frase **four glasses of milk**, observa la preposición **of** (of) entre los **count** y **noncount nouns**; es necesario que la preposición conecte los dos sustantivos en este tipo de frases. He aquí algunos ejemplos:

✔ **a can of soup** (ei can of *su*-up; una lata de sopa)

✔ **three boxes of cereal** (zri *boks*-es of si-*ri*-al; tres cajas de cereales)

✔ **two bottles of soda** (tu *bot*-tels of *sou*-da; dos botellas de refresco)

La siguiente tabla te proporciona más adjetivos cuantitativos relacionados con comestibles y términos que puedes usar para indicar cantidades específicas:

Noncount nouns	*Palabras de cantidad*
milk	**quart/gallon** (milk cort/*ga*-lon; cuarto/galón de leche)
butter	**carton/sticks** (*bot*-ter *car*-ton/stiks; caja/barras de mantequilla)
yogurt	**carton/pint** (*you*-gurt *car*-ton/paint; cartón o "brik" /pinta de yogur)
wine	**bottle** (uain *bot*-tel; botella de vino)

beer	**can** (*bi*-ar can; lata de cerveza)
coffee	**pound/cup** (*co*-fi paund/cop; libra/taza de café)
tea	**box/cup** (ti boks/cop; caja/taza de té)
salt	**grain/box** (salt grein/boks; grano/caja de sal)
celery	**stalk** (*se*-le-ri stok; tallo de apio)
lettuce	**head** (*le*-tus jed; centro de lechuga)

En la caja registradora

Una vez que has **checked off** (chekt *o*-of; tachado) cada artículo de tu **shopping list** (*chop*-ping list; lista de la compra), dirígete a la **check-out line** (*chek*-aut lain; cola para pagar) o **cash register** (cach *re*-yis-ter; caja registradora). Generalmente tú mismo debes sacar la mercancía del carrito y colocarla en el **counter** (*caun*-ter; mostrador).

Cuando sea tu turno, es posible que el cajero te pregunte qué tipo de bolsa prefieres y si necesitas ayuda

Palabras para recordar

check-out line	chek-aut lain	fila o cola de caja
cash register	cach re-yis-ter	caja registradora
shopping list	chop-ping list	lista de la compra
item	ai-tem	artículo o mercancía
cash back	cach bak	cambio o vuelta

para llevar las cosas hasta el coche. Las siguientes son algunas expresiones que escucharás en la **checkout line:**

✔ **Paper or plastic?** (*pei*-per or *plas*-tic; ¿papel o plástico?)

✔ **Do you want help out?** (du iu uant jelp aut; ¿desea ayuda para llevar su compra al coche?)

✔ **Do you want cash back?** (du iu uant cach bak; ¿quiere retirar dinero de su cuenta bancaria?)

Justo a mi medida: compra de ropa

Tanto si compras en **boutiques** (bu-*tiks*; tiendas de moda), como en **gift shops** (guift chops; tiendas de regalos) o **malls** (mals; centros comerciales), salir de compras es más divertido y provechoso si conoces algunos secretos y expresiones útiles.

Sólo estoy mirando

En los **department stores** (di-*part*-ment stors; grandes almacenes) puedes pasearte durante semanas enteras (bueno, muchos minutos) sin encontrar un **salesperson.** Sin embargo, si tienes la suerte de encontrar uno, puedes decirle: **Excuse me, can you help me?** (eks-*kius* mi can iu jelp mi; disculpe, ¿me puede ayudar?)

En los establecimientos más pequeños probablemente el vendedor se te acercará inmediatamente y te preguntará: **May I help you?** (mei ai jelp iu; ¿puedo ayudarle?) o **Do you need help finding anything?** (du iu *ni*-id jelp *faind*-ing *e*-ni-zing; ¿necesita ayuda para encontrar algo?). Tal vez lo único que desees es **browse** (braus; mirar o curiosear). En tal caso, sólo di: **No thanks. I'm just looking** (nou zanks aim yost *luk*-ing; no gracias. Sólo estoy mirando).

Cómo te quieres vestir

En todo el mundo encuentras **jeans** (yins; de mezclilla) y **T-shirts** (*ti*-churts; camisetas). En las listas de esta sección hallarás los nombres en inglés de otras prendas y de varios tipos de calzado.

A continuación hemos listado algunas palabras para **women's clothes** (*ui*-mens clous; ropa para mujeres):

- ✔ **dress** (dres; vestido)
- ✔ **blouse** (blaus; blusa)
- ✔ **skirt** (skurt; falda)
- ✔ **suit** (sut; conjunto)
- ✔ **pantsuit** (*pant*-sut; traje sastre)
- ✔ **nightgown** (*nait*-gaun; camisón)
- ✔ **underwear** (*on*-der-uer; ropa interior)

Usa las siguientes palabras para referirte a **men's clothes** (mens clous; ropa para hombres):

- ✔ **dress shirt** (dres churt; camisa de vestir)
- ✔ **sport shirt** (sport churt; camisa informal)
- ✔ **sport jacket** (sport *ya*-ket; chamarra esport, saco casual)
- ✔ **tie** (tai; corbata)
- ✔ **undershirt** (*on*-der-chirt; camiseta)

Puedes usar los siguientes términos para referirte a la ropa para mujeres u hombres:

- ✔ **pants** (pants; pantalón)
- ✔ **slacks** (slaks; pantalón de vestir)
- ✔ **jeans** (yins; de mezclilla)
- ✔ **sweater** (*sue*-ter; suéter)
- ✔ **jacket** (*ya*-ket; chamarra)
- ✔ **coat** (cout; abrigo)
- ✔ **suit** (sut; traje o conjunto)

✔ **shirt** (churt; camisa)

✔ **shorts** (chorts; pantalón corto)

✔ **swimsuit** (*suim*-sut; traje de baño)

✔ **sweatshirt** (*suet*-churt; camiseta o sudadera)

✔ **robe** (roub; bata)

✔ **pajamas** (pa-*ya*-mas; pijama)

Respecto al calzado, en la zapatería encontrarás los siguientes estilos:

✔ **dress shoes** (dres chu; zapatos de vestir)

✔ **high heels** (jai *ji*-als; zapatos de tacón)

✔ **loafers** (*lou*-fers; mocasines)

✔ **pumps** (pomps; zapato bajo y liso de mujer)

✔ **sandals** (*san*-dals; sandalias)

✔ **slippers** (*sli*-pers; pantuflas)

Dependiendo del tipo de deporte para el que fueron diseñados, existen muchos nombres para el calzado deportivo. Ni siquiera las personas de habla inglesa saben designarlos a ciencia cierta, así que no te preocupes si tú tampoco lo haces bien o como se debería. Los zapatos de lona para usar fuera de casa solían llamarse **sneakers** (*sni*-i-ker; tenis de lona) o **tennis shoes** (*te*-nis chus; zapatos de tenis). Todavía se usan esos términos; pero hoy en día a los zapatos deportivos también se les llama **athletic shoes** (az-*le*-tic chus; calzado atlético), **running shoes** (*ron*-ning chus; zapatos para correr) y **trainers** (*train*-ers; zapatos de entrenamiento), entre otros términos.

Encuentra tu talla

Si eres hombre (o si estás comprando ropa para hombre) no tendrás muchos problemas para entender las tallas o encontrar lo que necesitas. Pero para las mujeres el mismo proceso es engañoso, por la extraña razón de que las **sizes** (*sai*-ses; tallas) femeninas varían mucho dependiendo del fabricante. Si eres mujer, debes **try on** (trai on; probarte) toda la ropa para ver si te queda bien: la talla grande de una marca puede ser la talla mini de otra.

La siguiente tabla compara las tallas de ropa estado-unidenses y europeas:

Tallas estado-unidenses	6	8	10	12	14	16	18	20
Tallas europeas	34	36	38	40	42	44	46	48

Usa las siguientes conversiones para la talla de los abrigos masculinos:

Tallas estado-unidenses	36	38	40	42	44	46	48	50
Tallas europeas	46	48	50	52	54	56	58	60

Pruébatelo

Busca en los **racks** (raks; estantes) las prendas que te gusten. Ahora pruébatelas en el **dressing room** (*dressing ru*-um; probador o vestidor). He aquí unas cuantas frases simples que te ayudarán en el proceso:

✔ **May I try this on?** (mei ai trai dis on; ¿puedo probarme esto?)

✔ **Where are the dressing rooms?** (juer ar da *dressing ru*-ums; ¿dónde están los vestidores?)

O tal vez el vendedor te haga las siguientes preguntas:

✔ **Are you ready to try those on?** (ar iu *re*-di tu trai dous on; ¿está listo para probárselas?)

✔ **Shall I put those in a dressing room for you?** (chal ai put dous in ei *dres*-sing *ru*-um for iu; ¿quiere que se las ponga en un vestidor?)

De pequeño a grande: uso de los comparativos

Supón que te pruebas una camisa pero te queda muy ajustada, así que necesitas una talla más grande. Para pedir una talla más grande o más pequeña debes usar el **comparative** (com-*per*-a-tiv; comparativo). El **comparative** es una forma del adjetivo que se emplea para comparar dos cosas; su forma depende del número de sílabas del adjetivo.

✔ En el caso de un adjetivo de una o dos sílabas, agrega la terminación **-er**. Por ejemplo: **big** → **bigger** (bik/*bik*-er; grande → mayor); **small** → **smaller** (smol/*smol*-ler; pequeño → menor); **fancy** → **fancier** (*fan*-si/*fan*-si-er; elegante → más elegante).

✔ En el caso de un adjetivo de tres o más sílabas, usa la palabra *more* (mor; más) o la palabra *less* (les; menos) antes del adjetivo. Por ejemplo: **more casual** (mor *ca*-chu-al; más informal); **less casual** (les *ca*-chu-al; menos informal); **more expensive** (mor eks-*pen*-siv; más caro); **less expensive** (les eks-*pen*-siv; menos caro).

A continuación indico algunas expresiones comunes con comparativos al ir de compras:

✔ **Do you have this in a larger size?** (du iu jav dis in ei *lar*-cher sais; ¿tiene ésta en una talla mayor?)

✔ **Do you have anything less expensive?** (du iu jav *e*-ni-zing les eks-*pen*-siv; ¿tiene algo más barato?)

Sólo lo mejor: uso del superlativo

El **superlative** (su-*per*-la-tiv; grado superlativo) expresa el nivel más alto o bajo de algo. Igual que en el comparativo de desigualdad, el superlativo es una forma del adjetivo y se forma de acuerdo con el número de sílabas del adjetivo, de la siguiente manera:

✔ Para los adjetivos con una o dos sílabas, agrega la terminación **-est**. Por ejemplo: **big** → **biggest** (bik/*bik*-est; grande → /el mayor); **small** → **smallest** (smol/*smol*-est; pequeño → /el más pequeño o el menor); **fancy** → **fanciest** (*fan*-si/*fan*-si-est; elegante → /el más elegante).

✔ En el caso de los adjetivos de tres o más sílabas, usa la palabra **most** (moust; el/la más) o la palabra **least** (*li*-ist; el/la menos) antes del adjetivo. Por ejemplo: **most casual** (moust *ca*-chu-al; el más informal); **least casual** (*li*-ist *ca*-chu-al; el menos informal); **most expensive** (moust eks-*pen*-siv; la más cara); **least expensive** (*li*-ist eks-*pen*-siv; la más barata).

Existen algunas excepciones a las reglas del comparativo y del superlativo. Por ejemplo, se dice **most patient** (moust *pei*-chant; el más paciente) en vez de **patientest**. Y en algunos casos, como en las siguientes palabras —muy comunes—, las formas del comparativo y del superlativo son completamente irregulares y debes memorizarlas:

Palabras para recordar

comparative	com-per-a-tiv	comparativo (adjetivo)
superlative	su-per-la-tiv	superlativo (adjetivo)
less	les	menos
more	mor	más
most	moust	el/la/los/las más
least	li-ist	el/la/los/las menos

✔ **Good** (gud; bueno), **better** (*be*-ter; mejor) y **best** (best; el mejor). Por ejemplo: **This coat is *better quality* than that coat** (dis cout is *be*-ter *cua*-li-ti dan dat cout; este abrigo es de *mejor calidad* que ese abrigo).

✔ **Bad** (bad; malo), **worse** (uors; peor) y **worst** (uorst; pésimo o el peor). Por ejemplo: **This store has the best prices, but the worst service!** (dis stor jas da best *prais*-es bot da uorst *ser*-vis; ¡esta tienda tiene los *mejores precios* pero *el peor* servicio!)

Capítulo 7

Tómatelo con calma: el tiempo libre

* * * * * * * * * * * * * * * *

En este capítulo

▶ Espectáculos locales

▶ Obras teatrales, películas y conciertos

▶ Bares y clubes nocturnos

▶ Los deportes y el ocio

▶ Gozar de la naturaleza

* * * * * * * * * * * * * * * *

*E*n este capítulo te daré muchas opciones para pasar un buen rato, ya sea en el cine, en una fiesta, practicando algún deporte o disfrutando de la naturaleza.

Entérate de lo que está pasando

¿Quieres enterarte de los **events** (i-*vents*; espectáculos) que están teniendo lugar en una ciudad? He aquí cómo informarte:

✔ Visita un **information center** (in-for-*mei*-chion *sen*-ter; centro de información para turistas).

✔ Llama o acude a la **Chamber of Commerce** (*cheim*-ber of *co*-mers; Cámara de Comercio) local.

✔ Consulta un **guidebook** (*gaid*-buk; guía del viajero).

✔ Busca información en los **brochures** (brou-*churs*; folletos) de los hoteles.

✔ Revisa la **calendar section** (*ca*-len-dar *sec*-chion; sección de fechas) del **newspaper** (*nius*-pei-per; periódico) local.

✔ Localiza los lugares de interés en un **map** (map; mapa) local.

✔ Presta atención a los **flyers** (*flai*-yers; pancartas) y **posters** (*pou*-sters; carteles) sobre futuros espectáculos.

Usa estas frases para obtener información sobre los espectáculos locales:

✔ **Can you recommend a good art gallery?** (can iu re-co-*mend* ei gud art *ga*-le-ri; ¿me puede recomendar una buena galería de arte?)

✔ **What should I see while I'm here?** (juat shud ai *si*-i uail aim *ji*-ar; ¿qué debo visitar mientras estoy aquí?)

✔ **Are there any museums here?** (ar der *e*-ni miu-*si*-oms *ji*-ar; ¿hay museos aquí?)

✔ **Where can I find tourist information?** (juer can ai faind *tu*-rist in-for-*mei*-chion; ¿dónde puedo encontrar información turística?)

Palabras para recordar

event	i-vent	espectáculo o acontecimiento
attraction	a-trak-chion	atracción o espectáculo
information	in-for-mei-chion	información
nightlife	nait-laif	vida nocturna o ambiente nocturno

Cómo obtener información

¿Alguna vez has planeado visitar un determinado lugar y al llegar allí lo has encontrado cerrado? Algunas frases simples te permitirán enterarte de los horarios y las fechas en que tienen lugar las actividades. Usa estas frases para obtener información y hacer planes:

✔ **What are your hours?** (juat ar ior aurs; ¿qué horario tienen?)

✔ **What days are you open?** (juat deis ar iu o-pen; ¿qué días abren?)

✔ **When does the event take place?** (juen dos da i-*vent* teik pleis; ¿cuándo se realizará el espectáculo?)

✔ **How much does it cost?** (jau moch dos it cost; ¿cuánto vale la entrada?)

✔ **Is there an admission fee?** (is der an ad-*mi*-chion *fi*-i; ¿hay que pagar algo para entrar?)

✔ **What movies are playing today?** (juat *mu*-vis ar *plei*-ing tu-*dei*; ¿qué películas se exhiben hoy?)

✔ **What time does the movie start?** (juat taim dos da *mu*-vi start; ¿a qué hora empieza la película?)

✔ **Is there a matinee?** (is der ei ma-ti-*ne*; ¿hay sesión matinal?)

¿Por qué ir solo?

Si encuentras un espectáculo interesante al que te gustaría invitar a un amigo, debes conocer algunas frases breves para proponer la cita. Prueba las siguientes expresiones:

✔ **Would you like to see a movie with me?** (*u*-ud iu laik tu *si*-i ei *mu*-vi uiz mi; ¿te gustaría ver una película conmigo?)

✔ **Do you like plays?** (du iu laik pleis; ¿te gustan las obras de teatro?)

✔ **I'm going to a concert tomorrow. Do you want to come?** (aim *gou*-ing tu ei *con*-sert tu-*mo*-rou du iu uant tu com; voy a ir a un concierto mañana. ¿Te gustaría venir?)

✔ **Let's go hear some live music** (lets gou jier som laiv *miu*-sic; vamos a escuchar música en vivo).

A disfrutar de la noche

✔ La mejor manera de encontrar buenos **night-clubs** (*nait*-clobs; clubes nocturnos, pubs) y **bars** (bars; bares) es preguntando. Todo el mundo tiene un lugar favorito, pero con algunas preguntas puntuales podrás obtener suficiente información como para que puedas tomar una decisión.

✔ **Do you know any good nightclubs?** (du iu nou *e*-ni gud *nait*-clobs; ¿conoces algún buen pub?)

✔ **What kind of bar is it?** (juat kaind of bar is it; ¿qué tipo de bar es?)

✔ **Is there live music?** (is der laiv *miu*-sic; ¿tocan música en vivo?)

Palabras para recordar

alcohol	al-co-jol	alcohol
minor	mai-nor	menor
underage	on-der-eich	menor de edad
smoke	smouk	fumar o humo
ashtray	ach-trei	cenicero

✔ **Does the club have dancing?** (dos da clob jav *dan*-sing; ¿hay sitio para bailar?)

Las actividades de ocio

Después de las presentaciones, es frecuente que la conversación se oriente hacia los pasatiempos favoritos de los interlocutores. Podrían preguntarte lo siguiente:

✔ **What do you do in your spare time?** (juat du iu du in ior speir taim; ¿qué haces en tu tiempo libre?)

✔ **What kinds of sports do you like?** (juat kainds of sports du iu laik; ¿que clase de deportes te gustan?)

✔ **What do you do for fun?** (juat du iu du for fon; ¿qué haces para divertirte?)

Puedes contestar de muchas maneras diferentes. He aquí algunos ejemplos:

✔ **I like to work in my garden** (ai laik tu uerk in mai *gar*-den; me gusta trabajar en mi jardín).

✔ **I enjoy playing chess** (ai en-*yoi plei*-ing ches; me gusta jugar ajedrez).

✔ **I go jogging** (ai *go*-u *yog*-guing; salgo a correr).

✔ **I'm into surfing** (aim *in*-tu surf-ing; me encanta practicar el surf). **I'm into** (algo) es una expresión popular que significa que me encanta algo o soy muy aficionado a eso.

Cómo decir lo que te gusta hacer

Para hablar de tus actividades recreativas puedes usar una serie de estructuras gramaticales que varían ligeramente. Fíjate en las siguientes "fórmulas" y haz ejercicios mentales con estos ejemplos:

✔ Fórmula 1: **I + verb** (Yo + el verbo)

> **I sew** (ai *so*-u; yo coso).

> **I play volleyball** (ai plei *vo*-li-bol; yo juego volibol).

✔ Fórmula 2: **I like + infinitive or gerund** (Me gusta + el infinitivo o el gerundio)

> **I like to read** (ai laik tu *ri*-id; me gusta leer).

> **I like reading** (ai laik *ri*-id-ing; me gusta la lectura).

✔ Fórmula 3: **I enjoy + gerund** (Yo disfruto + el gerundio)

> **I enjoy camping** (ai en-*yoi camp*-ing; yo disfruto acampando).

> **I enjoy playing hockey** (ai en-*yoi plei*-ing jo-ki; yo disfruto jugando hockey).

El verbo juguetón: to play

Las actividades que implican **competition** (com-pe-*ti*-chion; competencia) —y muchas veces también el uso de una **ball** (bol; pelota o balón)— utilizan el verbo **to play** (tu plei; jugar). Por ejemplo:

✔ **I like to play tennis** (ai laik tu plei *te*-nis; me gusta jugar tenis).

✔ **Do you play golf?** (du iu plei golf; ¿juegas golf?)

✔ **Want to play a game of basketball?** (uant tu plei ei gueim of *bas*-ket-bol; ¿quieres jugar un partido de basquetbol?)

Una excepción es el **bowling** (*bo*-ul-ing; boliche); no digas **play bowling** (plei *bo*-ul-ing; jugar boliche), aunque se use una bola. Pero *sí* usa el verbo **play** con **cards** (cards; cartas), **chess** (ches; ajedrez),

Palabras para recordar

pastime	pas-taim	pasatiempo
leisure	li-chur	ocio o tiempo libre
recreation	re-cri-ei-chion	ocio
sports	sports	deportes
to play	tu plei	jugar o practicar (un deporte)
to win	tu uin	ganar
to lose	tu lu-us	perder
game	gueim	juego o partido (de un deporte)
competition	com-pe-ti-chion	competición
board game	bord gueim	juego de mesa

board games (bord gueims; juegos de mesa), **pool** (*pu*-ul; billar), etc.

La afición a los deportes

¿Eres un **sports fan** (sports fan; aficionado al deporte)? Tanto si juegas en un **team** (*ti*-im; equipo) como si eres un **spectator** (*spec*-tei-chor; espectador), puedes gozar de muchas actividades deportivas durante todo el año por la televisión o en un **stadium** (*stei*-di-um; estadio) o **ballpark** (*bol*-park; estadio de beisbol).

Se va, se va, se ha ido: el beisbol

Cuando el árbitro grita **play ball!** (plei bol; ¡lanza la pelota!), se realiza el primer **pitch** (pitch; lanzamiento) para comenzar el partido. Desde 1800, los estadounidenses han estado jugando **baseball**. Para que goces al máximo de este popular deporte, he aquí el vocabulario común de este juego tan popular:

- ✔ **bat** (bat; bate)
- ✔ **batter** (*bat*-ter; bateador)
- ✔ **catcher** (*cat*-cher; receptor o capturador)
- ✔ **fly ball** (flai bol; lanzamiento alto)
- ✔ **glove** (glov; guante)
- ✔ **home run** (*jo*-um ron; jonrón)
- ✔ **mitt** (mit; guante)
- ✔ **strike** (straik; golpe)

El futbol americano y el futbol

Casi todo el mundo conoce el deporte del Mundial como futbol, pero los estadounidenses lo llaman **soccer** (*so*-ker, futbol). En Estados Unidos, **football** (*fut*-bol; futbol americano) es un juego completamente diferente. El **American football** se juega con una pelota de color café, ovalada, que los jugadores llevan al otro lado del campo para hacer un **touchdown** (*toch*-daun; gol).

El **American football** se juega con una pelota de color café, ovalada, que los jugadores llevan al otro lado de la **end zone** (end *so*-un; zona de gol) para hacer un **touchdown** (*toch*-daun; gol). Los jugadores usan **helmets** (*jel*-mets; cascos), petos, hombreras y rodilleras para evitar lesiones cuando son **tackled** (*tak*-eld; tacleados). En cambio en el futbol, si tocas el balón con las manos o si tacleas a otro jugador, te pitan una **foul** (*fa*-ul; falta). Y si se te ocurre coger el balón y llevarlo hasta el **goal** (*go*-al; portería), serás el hazmerreír del otro equipo.

La naturaleza

Estados Unidos es una nación con inmensas extensiones y una espectacular **natural beauty** (*na*-chu-ral *biu*-ti; belleza natural). Si disfrutas con la naturaleza y el aire libre, aquí hallarás bellísimos paisajes de costa a costa.

Éstas son algunas de las maravillas geográficas que puedes explorar:

✔ **mountains** (*maun*-tens; montañas)

✔ **valleys** (*va*-li-is; valles)

✔ **lakes** (leiks; lagos)

✔ **rivers** (*ri*-vers; ríos)

✔ **waterfalls** (*ua*-ter-fols; cascadas)

✔ **deserts** (*de*-serts; desiertos)

✔ **forests** (*for*-ests; bosques)

✔ **coastlines** (*co*-ust-lains; litorales)

✔ **seashores** (*si*-i-chors; costas)

✔ **beaches** (*bi*-ich-es; playas)

Disfrutar de los deportes invernales y veraniegos

Si te gustan la nieve y el aire frío y seco, probablemente querrás pasar el día en las montañas haciendo algunas de las siguientes actividades:

✔ **cross-country skiing** (cros *coun*-tri *ski*-ing; esquí de fondo o nórdico)

✔ **downhill skiing** (*daun*-jil *ski*-ing; esquí alpino)

✔ **ice skating** (ais *skeit*-ing; patinaje sobre hielo)

✔ **snowboarding** (*snou*-bor-ding; *snowboard*)

Cuando haga calor, puedes ir a las playas, los ríos y los lagos. Y si estás cansado puedes **sunbathe** (*son*-beiz; tomar el sol) en la **sand** (sand; arena), o puedes meterte en el agua para disfrutar de algunas de las siguientes actividades:

✔ **river rafting** (*ri*-ver *raf*-ting; navegar por los ríos en canoa)

✔ **sailing** (*sei*-ling; navegar en barco de vela)

✔ **snorkeling** (*snor*-kel-ing; *esnórquel*)

✔ **water skiing** (*ua*-ter *ski*-ing; esquí acuático)

Acampar

El **camping** (*cam*-ping; camping o acampar) y el **backpacking** (*bak*-pak-ing; excursión con mochila) son buenas maneras para **get away from it all** (get a-*uey* from it ol; desconectar de todo). Dondequiera que decidas acampar, necesitarás llevar algo de **camping gear** (*cam*-ping *gui*-ar; equipo de campamento o alpinismo) básico:

✔ **backpack** (*bak*-pak; mochila)

✔ **camp stove** (camp stouv; estufa portátil)

✔ **firewood** (*fair*-u-ud; leña)

✔ **flashlight** (*flach*-lait; linterna)

✔ **lantern** (*lan*-tern; lámpara)

✔ **matches** (*mat*-ches; cerillos)

✔ **sleeping bag** (*sli*-ip-ing bag; saco de dormir)

✔ **tent** (tent; casa de campaña)

No te olvides del **bug repellant** (bog ri-*pel*-ent; repelente de insectos) ni del **sunscreen** (*son*-skri-in; protector solar), o volverás de tus vacaciones picado y tostado ¡y entonces necesitarás otras vacaciones para recuperarte!

Sigue la senda

Estados Unidos tiene miles de kilómetros de **hiking trails** (*jaik*-ing treils; senderos de excursionismo) abiertos al público durante todo el año. El **Appalachian Trail** (ap-el-*ei*-chion treil), al este de Estados Unidos, y el **Pacific Crest Trail** (pa-*ci*-fic crest treil), que va desde México hasta el estado de Washington, son dos de los senderos más largos.

Antes de comenzar tu **trek** (trek; recorrido), consigue información acerca de la topografía, la **altitude** (*al*-ti-tud; altitud) y la dificultad del sendero. Las siguientes preguntas pueden ayudarte a decidir si es un buen día para una caminata:

- ✔ **Where can I get a topographical map?** (juer can ai get ei to-po-*gra*-fi-cal map; ¿dónde puedo conseguir un mapa topográfico?)

- ✔ **How difficult is this trail?** (jau *di*-fi-cult is dis treil; ¿qué grado de dificultad tiene este sendero?)

- ✔ **How long does it take to hike the trail?** (jau long dos it teik tu jaik da treil; ¿en cuánto tiempo se recorre este sendero?)

- ✔ **Are there any dangerous animals on the trail?** (ar der *e*-ni *dan*-yer-os *a*-ni-mals on da treil; ¿hay animales peligrosos por el itinerario?)

Ahora ya estás listo para ponerte tus **hiking boots** (*jaik*-ing *bu*-uts; botas de excursionismo) y tu mochila, llenar tu **water bottle** (*ua*-ter *bo*-tel; cantimplora), sacar tu **compass** (*com*-pas; brújula) y emprender tu camino.

En contacto con la naturaleza verás abundante **wildlife** (*uaild*-laif; fauna). A continuación presento los nombres de algunos animales que podrías encontrar in **the wild** (in da uaild; en el yermo o zona silvestre o salvaje):

- ✔ **bear** (ber; oso)
- ✔ **beaver** (*bi*-i-ver; castor)
- ✔ **coyote** (kai-*yo*-ti; coyote)
- ✔ **deer** (*di*-ir; venado)
- ✔ **fox** (foks; zorro)

- ✔ **frog** (frog; rana)
- ✔ **moose** (*mu*-us; alce)
- ✔ **mosquito** (mo-*ski*-to; mosquito)
- ✔ **mountain lion** (*maun*-tein *lai*-on; gato montés)
- ✔ **raccoon** (ra-*cu*-un; mapache)
- ✔ **snake** (sneik; serpiente o víbora)
- ✔ **squirrel** (sku-*irl*; ardilla)
- ✔ **wolf** (*o*-olf; lobo)

"Correr como loca" sería mi primer impulso si me encontrara con un animal peligroso, ¡pero eso es justamente lo peor que puedes hacer! Para evitar encontrarte con animales potencialmente peligrosos, consulta a un **park ranger** (park *rein*-yer; guardabosques) o un libro guía.

La **plant life** (plant laif; flora) en los parques nacionales y en todo el país es abundante y variada. A continuación tienes ejemplos de lo que puedes encontrar:

- ✔ **cactus** (*cac*-tos; cacto)
- ✔ tall **grasses** (*gras*-ses; hierbas)
- ✔ **redwood trees** (*red*-u-ud *tri*-is; secuoyas)
- ✔ **rainforests** (*rein*-for-ests; selvas tropicales)
- ✔ **seaweed** (*si*-i-uid; algas)
- ✔ **woods** (*u*-uds; bosque)
- ✔ **ferns** (ferns; helechos)
- ✔ **meadows** (*me*-dous; praderas)
- ✔ **wildflowers** (uaild *fla*-guers; flores silvestres)

¿Alguna vez has...?
El uso del presente perfecto

Puedes enterarte de cosas interesantes oyendo las experiencias de la gente, y puedes mejorar tu inglés hablando de tus propias experiencias. Para hablar sobre algo que te ha ocurrido en la vida, sin dar una fecha específica, usa el **present perfect tense** (*pre*-sent *per*-fect tens; tiempo presente perfecto). Comienza una conversación preguntándole a alguien: **Have you ever...?** (jav iu *e*-ver; ¿alguna vez has...?)

He aquí algunos ejemplos:

> ✔ **Have you ever** *been* **to Yellowstone?** (jav iu *e*-ver ben tu *iel*-ou-stoun; ¿has estado alguna vez en el parque Yellowstone?)
>
> ✔ **Have you ever** *seen* **a whale?** (jav iu *e*-ver si-in ei jueil; ¿has visto alguna vez una ballena?)
>
> ✔ **Have you ever** *climbed* **a mountain?** (jav iu *e*-ver claimd ei *maun*-tein; ¿has escalado alguna vez una montaña?)

Para responder a las preguntas del tipo **have you ever...**, simplemente di lo siguiente:

> ✔ **Yes, I have** (ies ai jav; sí, ya he estado; o, sí, ya lo he hecho).
>
> ✔ **No, I haven't** (*no*-u ai *jav*-ent; no, no he estado; o, no, no lo he hecho).
>
> ✔ **No, I've never done that** (*no*-u aiv *ne*-ver don dat; no, nunca he hecho eso).

Tal vez te preguntes por qué a este tiempo se le llama **present perfect**, cuando en realidad se refiere al pasado. Pues bien, se le llama así porque involucra el **present** de to have y el **past participle** del verbo principal.

Aquí tienes la "fórmula" del **present perfect**: **have** o **has + verb** (forma del participio pasado). Observa los siguientes ejemplos:

✔ *Have* you ever *been* to a national park? (jav iu *e*-ver ben tu ei *na*-chion-al park; ¿has estado alguna vez en un parque nacional?)

✔ Yes, I *have visited* Yosemite three times (ies ai jav *vi*-si-ted yo-*se*-mi-ti zri taims; sí, he visitado tres veces el parque Yosemite).

Capítulo 8

En el trabajo

• •

En este capítulo

▶ Cómo describir tu puesto y lugar de trabajo

▶ El tiempo es oro

▶ Cómo concertar una cita

▶ Los negocios en las empresas estadounidenses

▶ Conversaciones telefónicas

• •

Sentirse familiarizado con el estilo y el lenguaje de los negocios es útil desde el primer **handshake** (*jand*-cheik; apretón de manos).

Este capítulo incluye una gran variedad de términos, expresiones de negocios e información cultural que te conviene llevar en el **briefcase** (*brif*-keis; maletín o cartera) cuando viajes, y también te muestra ciertas normas de etiqueta que conviene seguir en una conversación telefónica.

¿En qué trabajas?

"¿Qué quieres ser cuando seas mayor?" Antes de convertirse en adulto, un niño escucha esta pregunta centenares de veces. ¿Por qué? Porque en Estados Unidos, tu **job** (yob; puesto de trabajo) a menudo es considerado tan importante como tu familia. Para muchos estadounidenses, el **work** (uerk; trabajo) define su identidad y valor como persona.

Cómo preguntar a qué se dedica alguien

Minutos después de haber conocido a alguien, tal vez esa persona te pregunte **What do you do?** (juat du iu du; ¿en qué trabajas?), **What do you do for a living?** (juat du iu du for ei *li*-ving; ¿cómo te ganas la vida?), o **What kind of work do you do?** (juat kaind of uerk du iu du; ¿qué tipo de trabajo haces?).

De igual forma, puedes contestar mencionando tu ocupación o describiendo tu trabajo, así:

✔ **I'm a computer programmer** (aim ei com-*piu*-ter *pro*-gram-mer; soy programador informático) o **I design computer programs** (ai di-*sain* com-*piu*-ter *pro*-grams; diseño programas de computadora).

✔ **I'm a truck driver** (aim ei trok *drai*-ver; soy camionero) o **I drive a truck** (ai draiv ei trok; conduzco un camión).

 Cuando dices tu ocupación, debes usar el verbo **to be** como en **I *am* a doctor** (ai am ei *doc*-tor; soy médico). Cuando describas lo que haces, usa un verbo que explique tu trabajo, como **I *teach*...** (ai *ti*-ich; enseño...) o **I *manage*...** (ai *ma*-nich; dirijo o soy encargado de...)

¿Tienes un negocio propio? Entonces di **I own a business** (ai oun ei *bis*-nes; tengo mi propio negocio). También puedes decir **I'm self-employed** (aim self em-*ploid*; trabajo por cuenta propia) o **I work for myself** (ai uerk for mai-*self*; trabajo por mi cuenta). Una persona mayor, que ya no trabaje, puede decir **I don't work. I'm retired** (ai don't uerk aim ri-*taird*; no trabajo. Ya me he jubilado).

En el mundo de los negocios es común ofrecer tu **business card** (*bis*-nes card; tarjeta de presentación) después de conocer a alguien. Puedes decir **Here's my card** (*ji*-ars mai card; aquí tienes mi tarjeta). Para pedirle la tarjeta a alguien, di **Do you have a card?** (du iu jav ei card; ¿tienes una tarjeta de presentación?)

Palabras para recordar

work	uerk	ocupación, trabajo o empleo
job	yob	trabajo o puesto
occupation	o-kiu-pei-chion	ocupación
a living	ei liv-ing	modo de vida
employed	em-ploid	empleado

Cómo hablar de las competencias

Para ayudarte a describir tu **line of work** (lain of uerk; tipo de trabajo) presentamos algunas categorías generales de trabajos y las competencias específicas de los mismos:

- ✔ **accountant** (a-*kaunt*-ant; contador)
- ✔ **administrator** (ad-*min*-is-trei-tor; administrador)
- ✔ **artist** (*ar*-tist; pintor, escultor o diseñador)
- ✔ **CEO** (si-i-o; director general de una empresa)
- ✔ **construction worker** (con-*struc*-chion *uerk*-er; obrero de la construcción)
- ✔ **dentist** (*den*-tist; dentista)
- ✔ **doctor** (*doc*-tor; doctor o médico)
- ✔ **electrician** (i-lec-*tri*-chion; electricista)
- ✔ **engineer** (en-yin-*i*-ar; ingeniero)
- ✔ **entertainer** (en-ter-*tein*-er; artista o intérprete)
- ✔ **factory worker** (*fac*-to-ri *uerk*-er; obrero industrial)
- ✔ **farmer** (*farm*-er; granjero o agricultor)
- ✔ **firefighter** (fair *fait*-er; bombero)

✔ **lawyer** (*lo*-yer; abogado)

✔ **mechanic** (me-*ca*-nic; mecánico)

✔ **painter** (*pein*-ter; pintor)

✔ **plumber** (*plom*-er; plomero)

✔ **police officer** (po-*lis* o-fi-ser; policía)

✔ **professor** (*pro*-fes-or; profesor)

✔ **psychologist** (sai-*co*-lo-yist; psicólogo)

✔ **salesperson** (seils-*per*-son; vendedor)

✔ **secretary** (*se*-cre-te-ri; secretaria)

✔ **social worker** (*so*-chial *uerk*-er; trabajador social)

✔ **writer** (*rait*-er; escritor)

El lugar de trabajo

La gente suele preguntar **Where do you work?** (juer du iu uerk; ¿dónde trabajas?) después de enterarse de lo que haces. Puedes dar una respuesta específica o general, tal como:

✔ **I work on a construction site** (ai uerk on ei con-*struc*-chion sait; trabajo en una obra de construcción).

✔ **I have a desk job** (ai jav ei desk yob; trabajo en una oficina).

✔ **I work for John Wiley and Sons** (ai uerk for yon *uai*-li and sons; trabajo para John Wiley e Hijos).

A continuación aparecen algunos lugares de trabajo habituales:

✔ **factory** (*fac*-to-ri; fábrica)

✔ **manufacturing plant** (man-iu-*fac*-chur-ing plant; planta de fabricación)

✔ **store** (stor; tienda)

✔ **office** (*o*-fis; oficina)

Pasas mucho tiempo con tus compañeros de trabajo, así que es útil conocer algunos términos para describir su relación profesional contigo. Además de tu **boss** (bos; jefe o patrón) o **employer** (em-*ploi*-yer; empresario), he aquí otras personas que pueden rodearte en el trabajo:

- ✔ **business partner** (*bis*-nes *part*-ner; socio): Persona que comparte contigo la propiedad de un negocio.

- ✔ **client** (*clai*-ent; cliente): Persona que paga por los servicios que ofrece una compañía o un profesional.

- ✔ **colleague** (*co*-li-ik; colega): Compañero en un ambiente profesional o académico.

- ✔ **co-worker** (*co*-uerk-er; compañero de trabajo): Cualquier persona con quien trabajas, a menudo en un ambiente no profesional.

- ✔ **customer** (*cos*-tom-er; cliente): Persona que entra en un establecimiento comercial a comprar algo.

En inglés, la palabra **patron** (*pei*-tron; benefactor o cliente) tiene el significado opuesto al de patrón en español. En inglés, **patron** quiere decir benefactor o cliente, no significa jefe.

Equipo de oficina

Generalmente hasta las pequeñas empresas están bien equipadas con **office equipment** (*o*-fis i-*quip*-ment; maquinaria y equipo de oficina) y papelería. Probablemente conoces bien los siguientes accesorios, cuyos nombres en inglés aparecen aquí:

- ✔ **computer** (com-*piu*-ter; computadora)

- ✔ **copier** (*co*-pi-er; fotocopiadora)

- ✔ **eraser** (i-*rai*-sor; goma de borrar)

- ✔ **fax machine** (faks ma-*chin*; fax)

- ✔ **file cabinet** (fail *ca*-bi-net; archivador)

✔ **file folders** (fail *fol*-ders; carpetas de archivar)

✔ **keyboard** (*ki*-bord; teclado)

✔ **paper** (*pei*-per; papel)

✔ **paperclips** (*pei*-per-clips; sujetapapeles)

✔ **pen** (pen; pluma)

✔ **pencil** (*pen*-sil; lápiz)

✔ **stapler** (*stei*-pler; engrapadora)

✔ **tape** (teip; cinta adhesiva)

El tiempo es oro

En ninguna otra parte el dicho **time is money** (taim is *mo*-ni; el tiempo es oro) se toma más seriamente que en el lugar de trabajo (a pesar del ambiente amable e informal). El negocio de las empresas estadounidenses o de cualquier compañía, grande o pequeña, es **make a profit** (meik ei *pro*-fit; tener o generar ganancias).

Preguntar acerca del **salary** (*sa*-la-ri; salario) de otra persona se considera indiscreto, ¡y comparar salarios con los compañeros de trabajo puede costarte el puesto en algunas empresas! Eso sí, ¡quejarse de los bajos salarios y las escasas prestaciones sociales es un pasatiempo muy popular! La gente a menudo hace comentarios de una manera vaga (buenos y malos) acerca de su salario, y tú también puedes hacerlos. Es posible que escuches algo parecido a esto:

✔ **I'm paid hourly** (aim peid *aur*-li; me pagan por horas).

✔ **I'm on a salary** (aim on ei *sa*-la-ri; soy asalariado).

✔ **I get minimum wage** (ai guet *mi*-ni-mom ueich; me pagan el salario mínimo).

✔ **I have a good-paying job** (ai jav ei gud *pei*-ing yob; tengo un trabajo bien pagado).

✔ **I got a raise** (ai got ei *re*-is; me han dado un aumento).

✔ **We received a pay cut!** (ui ri-*civd* ei pei cot; ¡nos han recortado el sueldo!)

Si mantienes a tu familia y traes a casa un **paycheck**, entonces eres el **breadwinner** (*bred*-uin-er; cabeza de familia) o, como les gusta decir a los estadounidenses, eres quien **bring home the bacon** (bring *jo*-um da *bei*-con; traes a casa el tocino), ¡sin entrar en el supermercado! Estas expresiones se refieren a la persona que trabaja fuera de casa en vez de ser **homemaker** (*jo*-um *meik*-er; amo/a de casa) y paga por la comida.

El horario laboral

En la mayoría de las empresas el horario normal es de 8 de la mañana a 5 o 6 de la tarde, de lunes a viernes, así que la gente tiene **day jobs** (dei yobs; trabajos durante el día). Pero un **24-hour business** (*tuen*-ti for aur *bis*-nes; negocio que abre las 24 horas del día) o una fábrica puede tener varios **shifts** (chifts; turnos). Por ejemplo:

✔ **day shift** (dei chift; turno diurno): En general, el horario de trabajo es desde las 8 de la mañana hasta las 5 de la tarde.

Palabras para recordar

paycheck	pei-chek	cheque de pago o paga
wage	ueich	pago
salary	sa-la-ri	salario
raise	re-is	aumento
pay cut	pei cot	reducir el sueldo

✔ **night shift** (nait chift; turno nocturno): Horario de trabajo durante las horas del atardecer y de la noche. Algunas empresas dividen este periodo en dos turnos: **graveyard shift** (*greiv*-yard chift; literalmente, "turno de cementerio"), normalmente desde las 12 de la noche hasta las 8 de la mañana, y **swing shift** (suing chift; turno mixto), normalmente desde las 4 de la tarde hasta las 12 de la noche.

La hora de la comida y los descansos

La hora favorita del día de trabajo, además de la **quitting time** (*kuit*-ing taim; hora de salida), es la **lunch hour** (lonch aur; hora de la comida o almuerzo). A pesar del nombre, puede que no tengas más de media hora para almorzar.

Un trabajador normal mete en una **brown-bag** (braun bag; bolsa de papel café) la comida, que se lleva desde casa. Otros prefieren salir de la oficina a la hora del almuerzo. Si algún colega quiere que lo acompañes a comprar algo para comer, puede invitarte de la siguiente manera:

✔ **Do you want to get some lunch?** (du iu uant tu guet som lonch; ¿quieres ir por el almuerzo?)

✔ **Want to join me for lunch?** (uant tu yoin mi for lonch; ¿quieres comer conmigo?)

✔ **Do you want to grab a bite to eat?** (du iu uant tu grab ei bait tu *i*-it; ¿quieres ir a buscar algo para el almuerzo?)

Otra hora favorita del día de trabajo es el **coffee break** (*co*-fi breik; la hora del café). La hora del café es un descanso para tomarse un café o té, y normalmente es de 15 minutos, dos veces al día. En la mayoría de los lugares de trabajo, sin embargo, no tienes que esperar hasta la hora del descanso para usar el baño o conseguir algo para comer o beber; fumar, no obstante, sí se reserva para esa hora.

Palabras para recordar

shift	chift	turno
lunch hour	lonch aur	hora del almuerzo o de la comida
quitting time	kuit-ting taim	hora de salida
brown-bag	braun bag	bolsa de papel para el almuerzo
to smoke	tu smo-uk	fumar
to take a break	tu teik ei breik	tomar un descanso

Cómo concertar una cita

En esta sociedad tan activa, concertar citas se ha convertido una parte tan esencial de la vida como el aire que respiras. La agenda es algo tan común que antes de planificar una reunión con un amigo para tomar un café, mucha gente dice:

✔ **Let me check my planner** (let mi chek mai *planner*; déjame revisar mi agenda).

✔ **Let me look at my schedule** (let mi luk at mai *ske*-diul; déjame echarle un vistazo a mi horario).

Así de importante es la planificación del horario. Ahora, con algunas frases sencillas en inglés podrás programar citas fácilmente. Pero encontrar el tiempo en que ambas partes estén disponibles… bueno, ¡esa es otra historia!

Observa las siguientes expresiones útiles para programar una cita:

✔ **I'd like to make an appointment with you** (aid laik tu meik an a-*point*-ment uid iu; me gustaría programar una cita contigo).

✔ **Can we schedule a meeting?** (can u-*i ske*-diul ei *mi*-it-ing; ¿podemos fijar una hora para reunirnos?)

✔ **Let's schedule a time to meet** (lets *ske*-diul ei taim tu *mi*-it; vamos a fijar una hora para reunirnos).

Y como respuesta, una persona suele decir:

✔ **When would you like to meet?** (juen *u*-ud iu laik tu *mi*-it; ¿cuándo te gustaría que nos reuniéramos?)

✔ **When are you free?** (juen ar iu *fri*-i; ¿cuándo estás disponible?)

Palabras para recordar

to set up	tu set op	fijar, concertar o determinar
to make	tu meik	hacer
to schedule	tu ske-diul	planificar o programar
to check	tu chek	revisar
schedule	ske-diul	horario
planner	plan-ner	agenda
appointment	a-point-ment	cita o compromiso
meeting	mi-it-ing	junta o reunión formal

✔ **I can meet you on...** (ai can *mi*-it iu on; puedo reunirme contigo el...)

✔ **I'm free on...** (aim *fri*-i on; estoy libre el...)

A pesar de planificar cuidadosamente y tener una agenda impecable, la vida real es impredecible. Las personas no siempre pueden cumplir sus citas o evitar posponerlas. Así que si necesitas **cancel** (*can*-sel; cancelar) o **reschedule** (ri-*ske*-diul; posponer) una cita, una de las siguientes expresiones te ayudará:

✔ **I'm sorry. I have to reschedule our appointment** (aim *sor*-ri ai jav tu re-*ske*-diul aur a-*point*-ment; lo siento. Tengo que posponer nuestra cita).

✔ **Is it possible to reschedule?** (is it *po*-si-bul tu ri-*ske*-diul; ¿es posible posponerla?)

✔ **I need to change our meeting date** (ai *ni*-id tu cheinch aur *mi*-it-ing deit; necesito cambiar la fecha de nuestra reunión).

Un profesional al teléfono

Las llamadas telefónicas son absolutamente indispensables tanto en los negocios como en la vida cotidiana. En esta sección encontrarás las frases más comunes para hablar por teléfono y algunos trucos útiles para ayudarte a que los demás te entiendan.

¡Ring, ring! Contestar a la llamada

Podemos decir varias frases, pero el saludo más común para **answer the phone** (*an*-ser da foun; contestar el teléfono) es **Hello** (*je*-lou; hola) o **Hello?** (como preguntando, con el énfasis en la última sílaba).

También es posible que escuches algunos de los siguientes saludos:

✔ **Yes?** (i-*es*; ¿sí?)

✔ **Einstein residence, Albert speaking** (*ain*-stain *re*-si-dens *al*-bert *spi*-ik-ing; residencia de la familia Einstein. Habla Albert).

Hay personas que contestan el teléfono diciendo su nombre y la palabra **here** (*ji*-ar; aquí), como en **Al here** (al *ji*-ar; aquí Al). Sin embargo, cuando contestes el teléfono di simplemente **Hello**. Si contestas **Yes?** o **Al here** sonarás frío e impersonal.

Cuando tú llamas

Supón que tienes que **make a call** (meik ei col; hacer una llamada). El teléfono **rings** (rings; suena) y alguien contesta, diciendo **Hello?**

Simplemente di **Hello**, habla calmadamente e identifícate usando alguna de estas expresiones:

✔ **This is** (tu nombre) (dis is; soy _____). Di esto si la persona que contesta te conoce.

✔ **My name is** _____ (mai neim is; soy _____). Di esto si la persona que contesta no te conoce.

Luego, pregunta por la persona con quien quieres hablar, de la siguiente manera:

✔ **Is** _____ **there?** (is _____ der; ¿está _____?)

✔ **May/can I speak to** _____? (mei/can ai *spi*-ik tu; ¿puedo hablar con _____? O, ¿me puedes pasar con _____?)

Ahora, ¿qué dice la persona al otro lado de la línea? Depende. Pongamos por ejemplo que llamas a tu amigo **Devin**. Di: **Hello. Is Devin there?** (*je*-lou is *de*-vin der; hola. ¿Está Devin?) Observa lo que puede pasar:

✔ Devin contesta y dice: **This is Devin** (*dis is de*-vin; soy Devin) o **Speaking** (*spi*-ik-ing; yo mismo).

✔ Devin no contesta, pero está en casa. La persona que contesta dice: **Just a minute** (yost ei *mi*-nut; un momento) o **Hold on a minute. Who's calling please?** (jould on ei *mi*-nut *ju*-us *co*-ling *pli*-is; espera un momento. ¿De parte de quien, por favor?)

✔ Devin está ahí, pero no puede contestar el teléfono ahora. La persona que contesta puede decir: **Devin can't come to the phone now. Can I have him call you back?** (*de*-vin cant com tu da foun nau can ai jav jim col iu bak; Devin no puede contestar ahora. ¿Le digo que te llame dentro de un rato?) o **Can he call you back? He's busy** (can ji col iu bak *ji*-is *bi*-si; ¿te puede llamar más tarde? Está ocupado).

Si Devin no está, tal vez quieras dejarle un mensaje. Ve a la sección "Cómo dejar un mensaje", más adelante en este capítulo, para obtener información sobre lo que debes decir.

Palabras para recordar

telephone	te-le-foun	teléfono
phone	foun	teléfono
cell phone	sel foun	teléfono celular
the other end	da o-der end	al otro lado
to make a call	tu meik ei col	hacer una llamada
to receive a call	tu ri-ci-iv ei col	recibir una llamada

Si un **caller** (*col*-er; persona que llama) dice **Who is this?** (ju is dis; ¿quién eres?) nada más contestar el teléfono, demuestra muy mala educación. Pero si tú llamas a alguien y no te identificas, está perfectamente bien que la persona que contesta pregunte: **Who is this?** o **Who's speaking?** (*ju*-us *spi*-ik-ing; ¿quién eres?)

Cómo dejar un mensaje

Tal vez tengas la suerte de comunicarte directamente con la persona que estás llamando, pero también puede ser que te conteste una **answering machine** (*an*-ser-ing ma-*chin*; contestadora) o el **voice mail** (vois meil; buzón de voz) que te dice **Please leave a message** (*pli*-is *li*-iv ei *mes*-ich; por favor, deja tu mensaje) o **Leave me a message** (*li*-iv mi ei *mes*-ich; déjame un mensaje).

Cuando el correo de voz o la contestadora dé el tono, deja un mensaje corto:

This is Sam. My number is 252-1624. Please give me a call. Thank you. Goodbye (dis is sam mai *nom*-ber is tu faiv tu uon siks tu four *pli*-is guiv mi ei col zank iu *gud*-bai; soy Sam. Mi número de teléfono es 252-1624. Por favor, llámame. Gracias. Adiós).

Si llamas a alguien que no está en casa, puedes pedirle a quien contesta el teléfono que le diga a tu amigo que **call you back** (col iu bak; te llame) o **leave a message** (*li*-iv ei *mes*-ich; dejas un recado).

Veamos algunas de las expresiones para dejar y recibir un mensaje:

✔ La persona que recibe el mensaje puede decir: **Can I take a message?** (can ai teik ei *mes*-ich; ¿quieres que le dé un recado?), **Do you want me to have him call you back?** (du iu uant mi tu jav jim col iu bak; ¿quieres que le diga que te llame?), o **Should I ask her to call you?** (chud ai ask jer to col iu; ¿quieres que le pida que te llame?)

✔ La persona que quiere dejar el mensaje puede decir: **May I leave a message?** (mei ai *li*-iv ei *mes*-ich; ¿puedo dejar un recado?), **Could you give her a message?** (cud iu guiv jer ei *mes*-ich; ¿le puedes dar un recado?), **Would you tell him I called?** (*u*-ud iu tel jim ai cold; ¿le puedes decir que le he llamado?), o **Please ask her to return my call** (*pli*-is ask jer to ri-*turn* mai col; por favor dile que me llame).

Las palabras **could** (cud; puede o podría) y **would** (u-ud; el pasado de will) son formas corteses de **can** (can; poder) y **will** (uil; el verbo auxiliar del futuro). A menudo, la gente usa **could** y **would** cuando está hablando por teléfono con alguien a quien no conoce bien.

Palabras para recordar

to take a message	to teik ei mes-ich	recibir un recado
to leave a message	tu li-iv ei mes-ich	dejar un recado
to give her a message	tu guiv jer ei mes-ich	dar un recado
tell him I called	tel jim ai cold	dile que he llamado
call someone back	col som-uon bak	contestar a la llamada de alguien
return someone's call	ri-turn som-uons col	devolver la llamada a alguien

¡Perdone! Me he equivocado de número

Si descubres que has marcado mal el número, sólo di:

✔ **Oops, sorry** (*u*-ups *so*-ri; ¡Ay! Discúlpeme).

✔ **I think I dialed the wrong number. Sorry** (ai zink ai daild da rong *nom*-ber *so*-ri; creo que he marcado un número equivocado. Discúlpeme).

Capítulo 9

Ir y venir: medios de transporte

• • • • • • • • • • • • • • • • • • •

En este capítulo

▶ Transporte público: autobuses, aviones y trenes

▶ Las indicaciones para llegar

▶ Cómo tomar un taxi

▶ Cómo alquilar un coche

▶ Caminos y autopistas

• • • • • • • • • • • • • • • • • • •

Este capítulo te proporciona el vocabulario necesario para viajar, salir del aeropuerto, usar el transporte público, circular por las autopistas de Estados Unidos, rentar un coche y pedir indicaciones para llegar a un lugar.

El aeropuerto y la aduana

En muchos aeropuertos de Estados Unidos los anuncios están escritos únicamente en inglés (a menos que estés cerca de la frontera mexicana o canadiense en Quebec).

He aquí algunos de los letreros que verás:

✔ **Baggage claim** (*bak*-ech cleim; recogida de equipajes)

✔ **Immigration** (i-mi-*grei*-chion; inmigración)

✔ **Customs** (*cost*-oms; aduana)

✔ **Information** (in-for-*mei*-chion; información)

✔ **Arrivals** (a-*arai*-vals; llegadas)

✔ **Departures** (di-*part*-churs; salidas)

✔ **Ground transport** (graund *trans*-port; transporte terrestre)

A la mayoría de la gente le incomoda un poco tener que pasar por **immigration** y **customs**, pero si no traes contigo artículos prohibidos a Estados Unidos, es un asunto burocrático sencillo. Eso sí, asegúrate de tener a la mano todos los documentos necesarios: **visa** (*vi*-sa; visado), **passport** (*pas*-port; pasaporte) y **ticket** (*ti*-ket; boleto) de vuelo, y sigue los letreros que dicen **immigration**.

En la aduana pueden pedirte que abras o deshagas las maletas y que contestes a algunas preguntas acerca de ciertos artículos. He aquí algunas frases que debes conocer:

✔ **Please open your bags** (*pli*-is *o*-pen ior baks; por favor abra sus maletas).

Palabras para recordar

luggage	lo-guich	equipaje
baggage	ba-guich	equipaje o maletas
bags	baks	maletas
schedule	ske-dul	horario
ticket	ti-ket	boleto
passport	pas-port	pasaporte

✔ **Do you have any items to declare?** (du iu jav
e-ni *ai*-tems tu di-*cleir;* ¿tiene algo que declarar?)

Después de pasar por todos los lugares de inspección
y recoger tu **luggage,** verás algunos letreros que te
dirigen al **ground transport**, donde puedes conseguir
un **taxi** (*tak*-si; taxi) o coger un **bus** (bos; autobús o
bus) o el **airport shuttle** (*eir*-port *cha*-tel; lanzadera,
bus lanzadera del aeropuerto).

Uso del transporte público

Si estás visitando alguna de las principales ciudades
de la nación —Chicago, Nueva York, San Francisco,
Washington u otra— tendrás, generalmente, excelente
public transportation (*pa*-blic tran-spor-*tei*-chion;
transporte público). Los autobuses circulan frecuentemente por toda la ciudad. Los **commuter trains**
(co-*miu*-ter treins; trenes locales) y los **subways** (*sob*-
ueys; trenes subterráneos o metros) trabajan continuamente y son rápidos y baratos.

Si buscas una estación de transporte público, puedes
pedir indicaciones, así:

✔ **Where is the closest train station?** (juer is da
clou-sest trein *stei*-chion; ¿dónde se encuentra la
estación de trenes más cercana?)

✔ **Where is the nearest bus stop?** (juer is da *ni*-ar-
est bos stop; ¿dónde se encuentra la parada de
autobuses más cercana?)

✔ **Where can I find the subway?** (juer can ai faind
da *sob*-uey; ¿dónde está el metro?)

Para desplazarte en un autobús público, consigue
el horario en la estación de autobuses o pregúntale
a una persona dónde puedes tomarlo. Las **routes**
(rauts; rutas) de autobuses están numeradas, y generalmente tienes que pagar el boleto con el importe
exacto, a menos que compres un **bus pass** (bos pas;
abono o pase de autobús) para varios días.

He aquí algunas frases que te pueden ayudar cuando uses el transporte público:

- ✔ **How do I get to _____ Street?** (jau du ai guet to _____ *stri*-it; ¿cómo llego a la calle _____?)
- ✔ **Which train goes to _____?** (juich trein gous tu _____ ; ¿qué tren va a _____ ?)
- ✔ **Where do I catch number _____ bus?** (juer du ai catch *nom*-ber _____bos; ¿dónde tomo el autobús número _____ ?)
- ✔ **Is there a more direct route to _____ Street?** (is der ei mor di-*rect* raut tu _____ *stri*-it; ¿hay una ruta más directa para llegar a la calle _____?)
- ✔ **May I have a transfer?** (mei ai jav ei *trans*-fer; ¿me puede dar un boleto integrado?)
- ✔ **Where does this bus go?** (juer dos da bos gou; ¿a dónde va este autobús?)
- ✔ **Does this bus go to _____?** (dos dis bos gou tu _____ ; ¿este autobús va a _____ ?)

Palabras para recordar

bus	bos	autobús
train	trein	tren
subway	sob-uey	tren subterráneo o metro
route	raut	ruta
bus pass	bos pas	boleto o pasaje de autobús
transfer	trans-fer	transbordo
direct route	di-rect raut	ruta directa

✔ **Please tell me where to get off the bus** (*pli*-is tel mi juer tu geto f da bos; por favor, dígame dónde me bajo).

✔ **Can you tell me when we get to my stop?** (can iu tel mi juen ui guet tu mai stop; ¿me puede avisar cuando lleguemos a mi parada?)

¡Taxi, por favor!

Alrededor del centro de algunas de las principales ciudades es posible encontrar **taxis** (*tak*-sis; taxis) en la calle, esperando a los pasajeros. Pero en muchas ciudades y pueblos pequeños es preciso llamar al servicio de taxi para que pasen a recogerte. Las **taxi fares** (*tak*-si feirs; tarifas de taxi) se ajustan a las millas recorridas, y aparecen en el **meter** (*mi*-ter; taxímetro), que es una caja montada en el tablero.

He aquí algunas frases que usarías después de subirte al taxi:

✔ **I'd like to go to** _____ (aid laik tu gou tu _____; quiero ir a _____).

✔ **Please take me to** _____ (*pli*-is teik mi tu ____; lléveme a _____, por favor).

Viajes largos en autobús, tren o avión

Si tienes poco dinero y mucho tiempo —o si te interesa ver el paisaje—, un viaje largo en autobús de línea o camión puede ser una buena opción. Compra un **one-way** (uon uey; ida o vuelta) o **round-trip ticket** (raund trip *tik*-et; boleto de ida y vuelta) en la **bus station** (bos *stei*-chion; terminal de autobuses).

Cuando la comodidad sea un factor importante y no haya limitaciones económicas, coge un **train** (trein; tren). Para más lujo (y por más dinero), ve en un **private sleeper** (*prai*-vet sli-ip-er; compartimiento o vagón privado) o coche-cama, y para gozar de tus comidas, ve al **dining car** (*dai*-ning car; vagón-restaurante).

Por su precio y rapidez, el **air travel** (eir *tra*-vel; viaje aéreo) es la opción más común para la mayoría de la gente que viaja por el interior de Estados Unidos. Puedes cruzar el país en **plane** (plein; avión) en unas cuatro horas. Asegúrate de llegar temprano para facturar tu equipaje, pasar por un **security check** (se-*kiur*-i-ti chek; control de seguridad) y dirigirte a tu **gate** (gueit; puerta de abordar).

A continuación encontrarás una serie de frases útiles para comprar un boleto de avión:

✔ **I need a round-trip ticket to** _____ (ai *ni*-id ei raund trip *ti*-ket tu _____ ; necesito un boleto de ida y vuelta a _____).

✔ **I want to leave April 3rd and return April 10th** (ai uant tu *li*-iv *ei*-pril zurd and ri-*turn ei*-pril tenz; quiero salir el 3 de abril y volver el 10 de abril).

✔ **Is that a non-stop flight?** (is dat a *non-stop* flait; ¿es un vuelo sin escalas?)

✔ **What's the fare?** (juats da feir; ¿cuánto cuesta el boleto?)

Palabras para recordar

one-way	uon uey	viaje de ida
round trip	raund trip	viaje de ida y vuelta
ticket counter	ti-ket caun-ter	mostrador de venta de boletos
travel agency	tra-vel ei-yen-ci	agencia de viajes
station	stei-chion	estación, terminal o central

✔ **I want a window (aisle) seat** (ai uant ei *uin*-dou (ail) *si*-it; ¿quiero un asiento de ventana (pasillo).

Cuando planees un viaje, probablemente querrás saber a qué distancia queda tu destino y cuánto tiempo durará el viaje. Tal vez tienes que hacer trasbordo, o quizás un amigo te va a ir a buscar al llegar. Puedes averiguar la distancia y el tiempo de un viaje con las dos preguntas siguientes:

✔ **How far is it?** (jau far is it; ¿a qué distancia queda?)

✔ **How long does it take to get there?** (jau long dos it teik tu guet der; ¿cuánto tiempo se tarda en llegar? o ¿cuánto tiempo dura el viaje?)

✔ **What is the best route to take?** (juat is da best raut tu teik; ¿cuál es el mejor camino?)

El alquiler de un coche

¿Necesitas un coche para tus negocios o para hacer una excursión? Si es así, puedes rentar uno y gozar de lo último en aventuras: ¡conducir en las **freeways** (*fri*-ueys; autopistas o carreteras) estadounidenses!

En la compañía de alquiler de vehículos

En Estados Unidos hay muchas compañías de alquiler de coches, y cada una tiene procedimientos y requisitos específicos. Dependiendo de la compañía, debes tener entre 18 y 25 años de edad para poder rentar un coche; además, necesitas lo siguiente:

✔ **A valid driver's license** (ei *va*-lid *drai*-vers *lai*-sens; un permiso de conducir válido). El permiso puede ser internacional o de tu país.

✔ **A major credit card** (ei *mei*-yor *cre*-dit card; una tarjeta de crédito). Por lo general, este tipo de compañías solamente acepta Visa, American Express y Master Card.

La mayoría de las compañías rentan **by the day** (bai da dei; por día) y te dan **free miles** (*fri*-i mails; millas gratis) sin límite. He aquí algunos términos que necesitas saber para seleccionar un coche:

- ✔ **compact** (*com*-pact; coche compacto)
- ✔ **luxury** (*lok*-chu-ri; de lujo)
- ✔ **mini-van** (*mi*-ni-van; mini-furgoneta)
- ✔ **two-door** (tu dor; de dos puertas)
- ✔ **four-door** (for dor; de cuatro puertas)
- ✔ **automatic** (*auto*-ma-tic; automático)
- ✔ **stick shift** (stik chift; de cambios, manual)

En ruta

Antes de salir en coche a la carretera o de andar por las calles de la ciudad, necesitas familiarizarte con algunas importantes **rules of the road** (ruls of da roud; normas de circulación) y debes saber interpretar las **road signs** (roud sains; señales de tránsito). Ante todo, recuerda que en Estados Unidos se conduce en el **right-hand side** (rait jand said; lado derecho) de la calle, igual que en México.

Algunas **road signs** son universales o, al menos, lógicas. Por ejemplo, una señal con el dibujo de niños caminando o llevando libros indica que podría haber niños yendo o viniendo de la escuela. He aquí otras descripciones de las señales de tráfico:

- ✔ **Stop** (stop; alto): Un hexágono rojo con letras blancas
- ✔ **Yield** (*yi*-ald; ceda el paso): Un triángulo blanco con borde rojo
- ✔ **One-way street** (uon uey *stri*-it; calle de un solo sentido): Una flecha blanca dentro de un rectángulo negro
- ✔ **No U-turn** (nou iu turn; prohibida la vuelta en U): Un rectángulo blanco con el símbolo universal rojo de prohibición sobre una flecha en forma de U

> ✔ **Railroad crossing** (*reil*-roud *cros*-ing; paso a nivel ferroviario): Una X sobre un fondo blanco con las letras RR

En algunos estados de Estados Unidos está permitido **turn right** (turn rait; girar a la derecha) con el semáforo en rojo, pero solamente desde el carril de la derecha y cuando el paso es seguro. Ten cuidado con el paso de peatones y pon atención a las señales que dicen **no turn on red** (nou turn on red; prohibido girar con el semáforo en rojo).

Cargar gasolina

Mientras conduces, tal vez notes que necesitas encontrar una **gas station** (*gas* stei-chion; gasolinera). Si no ves anuncios o señales de gasolinera por el camino, detente y pregunta:

> ✔ **Where is the nearest gas station?** (juer is da *ni*-ar-est gas *stei*-chion; ¿dónde está la gasolinera más cercana?)

> ✔ **Where can I buy gas?** (juer can ai bai gas; ¿dónde puedo comprar gasolina?)

Palabras para recordar

stop sign	stop sain	señal de alto
traffic light	tra-fic lait	semáforo
pedestrian	pe-des-tri-an	peatón
crosswalk	cros-uak	paso o cruce peatonal
intersection	in-ter-sec-chion	intersección o cruce

Acuérdate de que en Estados Unidos la mayoría de las gasolineras son de **self-service** (self *ser*-vis; auto-servicio), donde tú mismo **pump** (pomp; cargas) la gasolina. Sin embargo, en algunas zonas todavía hay gasolineras del tipo **full-service** (ful *ser*-vis; servicio completo) e incluso **full-service pump,** donde un **attendant** (a-*tend*-ent; encargado) pone la gasolina y revisa el **oil** (oil; aceite) y las **tires** (tairs; llantas) de tu coche.

Encontrarás el precio por **gallon** (ga-lon; galón) escrito en un lugar visible en la gasolinera. Debes pagar antes o después de poner gasolina, dependiendo de las reglas del establecimiento. A menudo se paga en la tienda de la gasolinera, un **mini-market** (mini-*mar*-ket; tienda pequeña) donde por lo general venden tentempiés y bebidas.

Existen cuatro tipos básicos de combustible: **unleaded** (*on*-led-ed; sin plomo), **regular** (*re*-guiu-lar; normal), **super** (*su*-per; súper) y **diesel** (*di*-sel; diesel). Si pagas la gasolina por adelantado, usa cualquiera de las siguientes expresiones para indicarle al encargado cuánto combustible deseas:

Palabras para recordar

gas station	gas stei-chion	gasolinera
pump	pomp	bomba
to pump	tu pomp	cargar
oil	oil	aceite
gas tank	gas tank	depósito de gasolina
tires	tairs	llantas o neumáticos

✔ **I want 10 gallons of regular** (ai uant ten *ga*-lons of *re*-guiu-lar; quiero 10 galones de la normal).

✔ **Give me 20 dollars of unleaded** (guiv mi *tuen*-ti *do*-lars of on-*led*-ed; 20 dólares de gasolina sin plomo).

✔ **I want to fill it up** (ai uant tu fil it op; el tanque lleno, por favor). La expresión **fill it up** significa llenar totalmente el tanque de gasolina.

Cómo pedir direcciones

Cuando viajes o trates de encontrar el camino a un nuevo lugar, es posible que necesites pedir direcciones a otras personas. En Estados Unidos es perfectamente aceptable acercarse a alguien en la calle o entrar en una tienda para hablar con el encargado. Es muy posible que esas personas estén más dispuestas a ayudarte si usas frases corteses para llamar su atención, como por ejemplo:

✔ **Excuse me** (eks-*kius* mi; disculpe)

✔ **Pardon me** (*par*-don mi; perdone)

✔ **Can you help me?** (can iu jelp mi; ¿me puede ayudar?)

Ahora que ya sabes cómo llamar la atención de alguien, verás cómo pedir direcciones.

¿Cómo llego a...?

Conviene saber cómo **ask for directions** (ask for di-*rec*-chions; pedir indicaciones). A continuación encontrarás algunas preguntas que te ayudarán a llegar al lugar que buscas. Por ejemplo:

✔ **How do I get to a bank?** (jau du ai guet tu ei bank; ¿cómo llego al banco?)

✔ **Where's the grocery store?** (juers da *gro*-se-ri stor; ¿dónde está el supermercado?)

✔ **Is there a public restroom nearby?** (is der ei *po*-blic *rest*-ru-um *ni*-ar-bai; ¿hay un baño público cerca?)

✔ **How do I find _____?** (jau du ai faind; ¿dónde puedo encontrar un _____?)

✔ **Please direct me to _____** (*pli*-is di-*rect* mi tu; Por favor, dígame cómo ir a _____).

La siguiente lista contiene más vocabulario y frases relacionadas con direcciones:

Excuse me, where is...

✔ **...the freeway?** (da *fri*-uey; la autopista)

✔ **... the main part of town?** (da mein part of taun; el centro del pueblo)

✔ **...the bus station?** (da bos *stei*-chion; la estación de autobuses)

Palabras para recordar

public restroom	po-blic rest-ru-um	baño público
grocery store	gro-ser-i stor	supermercado
bank	bank	banco
pharmacy	far-ma-ci	farmacia
ladies' room	lei-dis ru-um	baño de mujeres
men's room	mens ru-um	baño de hombres
post office	post o-fis	oficina de correos

✔ **...a good restaurant?** (ei gud *res*-ta-rant; un buen restaurante)

✔ **...a pharmacy?** (ei *far*-ma-si; una farmacia)

✔ **...Carnegie Hall?** (*car*-ne-gui jol; el Carnegie Hall?)

En la dirección correcta

Cuando alguien te dé indicaciones para llegar a un sitio, tal vez oigas algunas de las siguientes palabras:

✔ **straight** (streit; derecho, recto)

✔ **right** (rait; a la derecha)

✔ **left** (left; a la izquierda)

✔ **on the corner of** (on da *cor*-ner of; en la esquina de)

✔ **block** (blok; cuadra)

✔ **stoplight** (*stop*-lait; semáforo) o **light** (lait; semáforo)

✔ **stop sign** (*stop* sain; señal de alto)

✔ **intersection** (in-ter-*sek*-chion; bocacalle, e intersección o cruce)

✔ **road** (roud; camino)

✔ **street** (*stri*-it; calle)

✔ **avenue** (*a*-ve-nu; avenida)

La gente normalmente usa ciertos verbos para indicar las direcciones. Los siguientes verbos de "dirección" te pueden **take you places** (teik iu *pleis*-es; llevar lejos):

✔ **To follow** (tu *fa*-lou; seguir)

✔ **To turn** (tu turn; dar vuelta o girar)

✔ **To take** (tu teik; tomar)

Follow y **turn** son *verbos regulares* (los cuales terminan en **-ed** en el pasado). No obstante, **take** es un *verbo irregular,* con **took**

y **taken** como las formas del pasado. Ve al capítulo 2 para obtener más información sobre los verbos irregulares.

Follow puede tener dos significados cuando estás hablando de direcciones. Un significado es seguir a alguien. El otro significado es seguir el mismo rumbo, como en:

✔ **Follow this road for a few miles** (*fo*-lou dis roud for ei fiu mails; sigue por este camino durante unas cuantas millas).

✔ **This road follows the coast** (dis roud *fo*-lous da coust; este camino bordea la costa).

Si alguien te da indicaciones con la palabra **take**, puede estar aconsejándote que viajes por un camino específico o indicándote la ruta que se usa normal- mente. Los siguientes ejemplos te muestran estos dos significados de la palabra **take**:

✔ **Take this road for two blocks** (teik dis roud for tu bloks; toma este camino durante dos cuadras).

✔ **I usually take highway 80 to Salt Lake City** (ai *ius*-iu-a-li teik *jai*-uey *ei*-ti tu salt leik *si*-ti; normalmente tomo la autopista 80 para llegar a Salt Lake City).

A veces una calle puede **turn into** (turn *in*-to; conver- tirse en) otra calle, lo que realmente significa que la calle **changes names** (*chein*-ches *nei*-ms; cambia de nombre). En este caso, **turns into** es lo mismo que decir **becomes** (bi-*coms*; se convierte).

Fíjate en el uso de la palabra **turn** en estos ejemplos:

✔ **Turn right at First Street** (turn rait at first *stri*-it; da vuelta a la derecha por la calle Primera).

✔ **Mission Street turns into Water Street after the light** (*mi*-chion *stri*-it turns *in*-to *ua*-ter *stri*-it *af*- ter da lait; la calle Misión se convierte en la calle Agua después del semáforo).

✔ **She went the wrong way, so she turned around**
(chi uent da rong uey sou chi turnd a-*raund*; ella
se equivocó de camino, así que dio la vuelta).

Uso de las preposiciones de ubicación

Las preposiciones de ubicación te indican dónde se
encuentra algo en relación con otra cosa. Así que,
como te puedes imaginar, es casi imposible comprender o dar direcciones sin usar tales preposiciones; ¡te
perderías! Por ejemplo, la preposición **next to** (nekst
tu; al lado de o junto a) en la oración **My house is
next to the bakery** (mai jaus is nekst tu da *beik*-e-ri;
mi casa está al lado de la panadería) te indica que mi
casa y la panadería quedan puerta con puerta (¡y que
a lo mejor como demasiadas galletas recién sacadas
del horno!). A continuación encontrarás algunas de
las preposiciones más comunes para dar direcciones:

✔ **before** (*bi*-for; antes de)

✔ **after** (*af*-ter; después de)

✔ **near** (*ni*-ar; cerca de)

✔ **next to** (nekst tu; al lado de o junto a)

✔ **across from** (*a*-cros from; al cruzar la/el)

✔ **in front of** (in front of; en frente de)

✔ **around the corner** (a-*raund* da *cor*-ner; a la
vuelta de la esquina)

✔ **on the right** (on da rait; a la derecha)

✔ **on the left** (on da left; a la izquierda)

✔ **in the middle** (in da *mi*-del; en medio)

✔ **at the end** (at da end; al final de)

Lleva contigo una libreta de notas (y lápiz o
pluma) para que puedas pedir que te dibujen
un plano cuando recibas indicaciones. Sólo
di: **Can you draw me a map, please?** (can

iu dra mi ei map *pli*-is; ¿me puede dibujar un
mapa, por favor?)

¿Rumbo norte o sur?

Algunas personas tienen un magnífico sentido de
la orientación. Siempre saben dónde está el **north**
(norz; norte), el **south** (sauz; sur), el **east** (*i*-ist; este u
oriente) y el **west** (uest; oeste o poniente).

Aunque todo el mundo sabe que el sol sale por el este
y se pone por el oeste, puedes **turned around** (turnd
a-*raund*; desorientarte) cuando estás en un lugar
nuevo. Así que si la persona que te está dando indicaciones para ir a un lugar dice **go east** pero no estás
seguro de dónde queda el este, pregunta:

✔ **Do you mean left?** (du iu *mi*-in left; ¿quieres
decir a la izquierda?)

✔ **Do you mean right?** (du iu *mi*-in rait; ¿quieres
decir a la derecha?)

✔ **Is that right or left?** (is dat rait or left; ¿es a la
derecha o a la izquierda?)

Capítulo 10

Estás en tu casa

• •

En este capítulo

▶ Visita a alguien

▶ Artículos domésticos

▶ Expresiones relacionadas con las tareas domésticas

▶ Reparaciones

▶ Los hoteles

• •

Si le preguntas a un estadounidense cuál es "el sueño americano", lo más seguro es que te conteste "tener una casa propia". Ya sea de alquiler o propia, en Estados Unidos la gente suele pasar bastante tiempo en casa y disfruta invitando a otras personas. Este capítulo presenta el hogar básico estadounidense y te puede servir para mantenerlo en orden y en buen estado. También te cuenta algunas costumbres locales para cuando estés de visita, así como qué hacer para registrarse en un hotel.

Casa y hogar

Los estadounidenses generalmente usan la palabra **house** (jaus; casa) cuando se refieren a la estructura física, tal como en **I live in a house** (ai liv in ei jaus; yo vivo en una casa). Pero la gente dice **I'm going home** (aim go-ing *jo*-um; voy a mi hogar) o **Welcome to my home** (*juel*-com tu mai *jo*-um; bienvenido a mi hogar) al referirse a su refugio personal, el lugar donde se relajan y se sienten a gusto. Otras palabras para referirse al hogar son:

✔ **apartment** (a-*part*-ment; apartamento o piso)

✔ **condominium** (con-do-*mi*-nium; condominio)

✔ **mobile home** (*mo*-bil *jo*-um; casa móvil)

Abre la puerta, entra en una típica **residence** (*re*-si-dens; casa) estadounidense y allí encontrarás, dependiendo del tamaño, las siguientes estancias:

✔ **bedroom** (*bed-ru*-um; dormitorio o habitación)

✔ **bathroom** (*baz-ru*-um; cuarto de baño)

✔ **den** (den; estudio) o **family room** (*fa*-mi-li *ru*-um; salón familiar)

✔ **dining room** (*dain*-ing *ru*-um; comedor)

✔ **kitchen** (*kit*-chen; cocina)

✔ **living room** (*liv*-ing *ru*-um; sala)

✔ **office** (*of*-fis; despacho)

✔ **utility room** (iu-*ti*-li-ti *ru*-um; trastero y lavadero)

✔ **hall** (jal; recibidor)

✔ **stairs** (steirs; escaleras)

✔ **basement** (*beis*-ment; sótano)

✔ **deck** (dek; terraza)

✔ **patio** (pa-ti-o; patio)

✔ **porch** (porch; porche)

✔ **yard** (iard; jardín)

La planta o nivel de una casa o edificio que da a la calle se conoce como **first floor** (first flor; primer piso) o **ground floor** (graund flor; planta baja), y el siguiente nivel hacia arriba es el **second floor** (*se*-cond flor; segundo piso), al cual sigue el **third floor** (zird flor; tercer piso), y así sucesivamente.

He aquí una lista de las cosas que puedes encontrar en una casa, comenzando por los elementos de la cocina:

✔ **cabinets** (*cab*-i-nets; armarios o estanterías)

✔ **microwave** (*mai*-cro-ueiv; horno de microondas)

✔ **refrigerator** (ri-*fri*-yer-ei-tor; refrigerador)

✔ **sink** (sink; fregadero)

✔ **stove** (stouv; estufa)

Muebles del comedor:

✔ **hutch** (jutch; vitrina)

✔ **table and chairs** (*tei*-bul and cheirs; mesa y sillas)

En la sala encontrarás:

✔ **armchair** (*arm*-cheir; sillón)

✔ **coffee table** (*co*-fi-i *tei*-bul; mesita central)

✔ **couch** (kauch; sofá)

✔ **desk** (desk; escritorio)

✔ **end tables** (end *tei*-buls; mesitas)

✔ **fireplace** (*fai*-er-pleis; chimenea)

✔ **lamp** (lamp; lámpara)

Elementos del dormitorio:

✔ **bed** (bed; cama)

✔ **closet** (*clo*-set; clóset o armario)

✔ **dresser** (*dre*-ser; cómoda)

Elementos del baño:

✔ **bathtub** (*baz*-tub; tina)

✔ **shower** (*chau*-er; regadera)

✔ **sink** (sink; lavabo)

✔ **toilet** (*toi*-let; excusado)

Si quieres describir las cosas de tu casa, es útil usar preposiciones *de situación,* que indican la posición de un objeto con relación a otro. Por ejemplo, la preposición **on** (on; en, sobre) en la oración **The cat is on the sofa** (da cat is on da *so*-fa; el gato está en el sofá) indica exactamente dónde encontrar al gato: sobre los cojines del sofá. Aquí tienes una útil lista de preposiciones de situación:

✔ **above** (a-*bov;* arriba de o por encima de)

✔ **against** (a-*gainst;* junto a)

✔ **behind** (bi-*jaind*; detrás de)

✔ **below** (bi-*lo*-u; debajo de)

✔ **beside** (*bi*-said; al lado de)

✔ **in** (in; en) o **inside of** (in-*said* of; dentro de)

✔ **in front of** (in front of; en frente de)

✔ **near** (*ni*-ar; cerca de)

✔ **next to** (nekst tu; junto a o al lado de)

✔ **on** (on; en, sobre) o **on top of** (on top of; sobre)

✔ **under** (*on*-der; debajo de) o **underneath** (on-der-*ni-az*; debajo de)

Si una amiga te pide que le ayudes a colocar sus **furniture** (*fur*-ne-chur; muebles), necesitarás conocer algunas preposiciones de situación para que la alfombra quede **under** —y no **on**— la mesita central. A continuación se incluye una lista de frases que tu amiga podría decir, ¡especialmente si te convence de que hagas tú todo el trabajo!

✔ **Move the couch against the wall** (muv da cauch a-*gainst* da ual; corre el sofá contra la pared).

✔ **Put the table near the window** (put da *tei*-bul *ni*-ar da *uin*-do-u; pon la mesa cerca de la ventana).

✔ **Lay the rug in front of the door** (lei da rog in front of da dor; tiende la alfombra frente a la puerta).

✔ **Tired? Put yourself on the couch** (taird put ior-*self* on da cauch; ¿cansado? Siéntate en el sofá).

Bienvenido: de visita a una casa particular

Los estadounidenses pueden decir **Come over some-time** (com *o*-ver *som*-taim; ven cuando quieras), pero no suele ser una invitación formal. La frase es una expresión amistosa y una indicación de que tal vez te inviten en el futuro. Una invitación de verdad incluye la hora y el día de la visita, por ejemplo:

✔ **Can you come to my house for dinner next Tuesday?** (can iu com tu mai jaus for *din*-ner nekst *tus*-dei; ¿puedes venir a mi casa a cenar el próximo martes?)

✔ **We'd like to have you over for dinner. How about this Saturday?** (*ui*-id laik tu jav iu *o*-ver for *din*-ner jau a-*baut* dis *sa*-tur-dei; nos gustaría que vinieras a cenar. ¿Qué te parece este sábado?)

Y tú puedes responder:

✔ **Thank you. That would be great** (zank iu dat *u*-ud bi greit; gracias. Creo que será formidable).

Palabras para recordar

to invite	tu in-vait	invitar
invitation	in-vi-tei-chion	invitación
to visit	tu vi-sit	visitar
guest	guest	invitado
host	jo-ust	anfitrión
welcome	uel-com	bienvenido
gift	guift	regalo

✔ **I'd love to come. Thank you** (aid lov tu com
 zank iu; claro que me gustaría. Gracias).

Cuando seas un **guest** (guest; invitado) en casa de
alguien, es un buen detalle llevar un **gift** (guift; regalito) al anfitrión. No es una obligación, pero es un
gesto de cortesía. En las ocasiones no formales puedes llevar dulces, un postre, flores, vino o cerveza de
buena calidad. Cuando entregues el regalo, puedes
decir:

✔ **This is for you** (dis is for iu; esto es para ti).

✔ **I brought you something** (ai *bro*-ut iu *som*-zing;
 te he traído un regalito).

Si pasas la noche o te quedas más tiempo, el regalo
debería ser de más valor; también se acostumbra
enviar un **thank-you gift** (zank iu gift; regalo de agra-
decimiento) después de marcharse: algo para la casa
o algo típico de tu país, por ejemplo.

La limpieza y el mantenimiento del hogar

Muy poca gente disfruta de verdad de las **housework**
(*jaus*-uerk; tareas domésticas). Sin embargo, cuando
la casa está hecha un desastre, es indispensable **clean
up the clutter** (*cli*-in op da *clo*-ter; ordenar el desor-
den). Las frases que encontrarás a continuación te
mantendrán ocupado.

La limpieza

Cuando tengas que hacer la limpieza (o cuando hayas
encontrado a alguien que la haga por ti), usa estas
expresiones para las tareas básicas:

✔ **to clean the bathroom** (*cli*-in da *baz*-ru-um; limpiar el baño)

✔ **to scrub the toilet** (scrob da *toi*-let; tallar el
 excusado)

✔ **to vacuum the carpets** (*va*-cu-um da *car*-pets; aspirar las alfombras)

✔ **to mop the floors** (mop da flors; trapear el suelo)

✔ **to wash the dishes** (uach da *dich*-es; lavar los platos)

✔ **to dust the furniture** (dost da *fur*-ni-chur; quitar el polvo de los muebles)

✔ **to wash the windows** (uach da *uin*-do-us; limpiar las ventanas)

✔ **do the dishes** (du da *dich*-es; lavar los platos)

✔ **do the laundry** (du da *lon*-dri; lavar la ropa)

✔ **do the ironing** (du da *ai*-er-ning; planchar la ropa)

✔ **to make the beds** (meik da beds; tender las camas)

✔ **to make a meal** (meik ei *mi*-al; preparar la comida)

Tanto si eres tú la persona que se encarga de limpiar la casa y del **yardwork** (*iard*-uerk; cuidado del jardín) como sí contratas a alguien para que lo haga, conocer el nombre de algunos utensilios y productos te puede ser de gran utilidad, ¡especialmente si quieres pedirle prestado el rastrillo al vecino! Veamos los nombres de algunos utensilios de limpieza para el interior de una casa:

✔ **broom** (*bru*-um; escoba)

✔ **mop** (mop; trapeador)

✔ **dishcloth** (*dich*-cloz; trapo para platos)

✔ **dish towel** (dich *tau*-el; trapo para secar los platos)

✔ **dishwasher** (*dich*-uach-er; lavavajillas)

✔ **detergent** (de-*ter*-yent; detergente)

✔ **washer** (*ua*-cher; lavadora)

✔ **dryer** (*drai*-yer; secadora)

✔ **furniture polish** (*fur*-ni-chur *po*-lich; pulidor de muebles)

✔ **cleanser** (*clen*-ser; limpiador)

Los siguientes utensilios te ayudarán con el trabajo del jardín:

✔ **lawn mower** (lon *mo*-uer; cortacésped)

✔ **garden hose** (*gar*-den *jo*-us; manguera)

✔ **rake** (reik; rastrillo)

✔ **clippers** (*clip*-pers; tijeras de jardinería)

Cómo resolver problemas y hacer reparaciones

Ha estado lloviendo todo el día y, de repente, ¡notas que no sólo cae agua afuera sino que también está **dripping** (*drip*-ping; goteando) en la alfombra! ¡Es hora de pedir ayuda!

Si tu casa es alquilada, llama a tu **landlord** (*land*-lord; arrendador) o **landlady** (land-*lei*-di; casera). Él debe arreglar el problema ¡y también pagar! Pero si tú eres el dueño, necesitarás la ayuda de algunos de los siguientes trabajadores:

✔ **electrician** (i-lec-*tri*-chion; electricista)

✔ **plumber** (*plo*-mer; plomero)

✔ **repair person** (ri-*peir* per-son; persona que arregla desperfectos)

✔ **roofer** (*ru*-uf-er; especialista en techos)

Cuando llames al plomero (o al casero) porque tu casa se está convirtiendo en un lago, debes ser capaz de describir el problema rápidamente y con precisión. No importa a quién llames para que haga la reparación, las siguientes frases te ayudarán a explicar el problema:

✔ **The roof is leaking** (da *ru*-uf is *li*-ik-ing; el techo está goteando).

✔ **The drain is clogged** (da drein is clogt; la tubería del desagüe está tapada).

✔ **The toilet has overflowed** (da *toi*-let jas o-ver-*flo*-ud; el agua del excusado se está saliendo).

✔ **The light switch doesn't work** (da lait suitch *do*-sent uerk; el apagador de la luz no funciona).

Tal vez seas un genio para hacer reparaciones o quieras ahorrarte dinero haciendo el trabajo tú mismo. En cualquier caso, la **hardware store** (*jard*-uer stor; ferretería) tiene lo que necesitas: las **tools** (tuls; herramientas), los consejos del ferretero e incluso un manual **do-it-yourself** (hágalo usted mismo). En la siguiente lista recojo algunos términos que te ayudarán a hacer el trabajo:

✔ **wrench** (rench; llave)

✔ **pliers** (*plai*-ers; pinzas)

✔ **screw driver** (*scru*-u *drai*-ver; desarmador)

✔ **hammer** (*jam*-mer; martillo)

✔ **nails** (neils; clavos)

✔ **screws** (*scru*-us; tornillos)

✔ **caulking** (*ko*-king; sellador)

✔ **masking tape** (*mas*-king teip; cinta adhesiva)

Una noche fuera de casa

Cuando estás lejos de casa, quizás tengas que pasar la noche en un **hotel** (*jo*-tel; hotel). En esta sección aprenderás las frases necesarias para moverte sin problemas en un hotel.

Cómo hacer una reservación

Si quieres tener la seguridad de disponer de una habitación para pasar la noche (¿quién no, después de un largo viaje?), debes reservar con anticipación. La mayoría de los hoteles y moteles cuentan con **toll-free numbers** (tol *fri*-i *nom*-bers; números telefónicos a los cuales el cliente puede llamar gratis), los cuales, generalmente, empiezan por 1-800, y puedes hacer tu reservación.

Las siguientes frases te ayudarán a iniciar el proceso:

✔ **I'd like to make a reservation for June 15** (aid laik tu meik ei re-ser-*vei*-chion for yun fif-*ti*-in; me gustaría hacer una reservación para el 15 de junio).

✔ **Do you have any vacancies for the night(s) of July 8?** (du iu jav *e*-ni *vei*-can-sis for da nait(s) of yu-*lai* eit; ¿tiene plazas disponibles para la noche(s) del 8 de julio?)

✔ **I'd like to reserve a room for two people for August 22** (aid laik tu ri-*serv* ei *ru*-um for tu *pi*-pol for *a*-gost *tuen*-ti tu; me gustaría reservar una habitación para dos personas para el 22 de agosto).

Ve al capítulo 3 para aprender a decir las fechas.

Para formalizar tu reservación, el hotel necesita la siguiente información:

✔ **arrival date** (a-*rai*-val deit; fecha de llegada)

✔ **departure date** (di-*part*-chur deit; fecha de salida)

✔ **number of people staying in the room** (*nom*-ber of *pi*-pol *stei*-ing in da *ru*-um; número de personas que ocuparán la habitación)

✔ **credit card number** (*cre*-dit card *nom*-ber; número de tu tarjeta de crédito)

✔ **special needs** (*spe*-chial *ni*-ids; necesidades especiales, como cunas, acceso para sillas de ruedas y dietas especiales)

Si buscas alojamiento después de llegar a tu lugar de destino, puedes pedirle a alguien que te recomiende un hotel o un motel, o puedes ir a un centro de información o, simplemente, dar un paseo por la ciudad y encontrarlo tú mismo. Cuando veas un letrero en el que ponga **vacancy** (*vei*-can-si; camas disponibles),

Palabras para recordar

reservation	re-ser-vei-chion	reserva
arrival	a-rai-val	llegada
vacancy	vei-can-si	(cama) libre
a room	ei ru-um	habitación
queen-size bed	kui-in sais bed	cama grande
king-size bed	king sais bed	cama extragrande

sabrás que hay habitaciones disponibles. Si en el letrero pone **no vacancy** (nou *vei*-can-si; no quedan camas libres), debes buscar en otro sitio porque el hotel o motel está lleno o **booked** (bukt; sin plazas libres). Si no ves letrero alguno, entra y haz la siguiente pregunta: **Do you have any vacancies?** (du iu jav *e*-ni *vei*-can-sis; ¿tiene cuartos?)

Los estadounidenses usan las expresiones **ma'am** (mam; dama) y **sir** (sur; caballero) como palabras de respeto. Escucharás esas expresiones en los establecimientos de servicio. La expresión **miss** (mis; señorita) se emplea a menudo para dirigirse a una mujer joven.

Al registrarse

La hora del **check-in** (chek in; registro) es alrededor de las 2 o 3 de la tarde en la mayoría de los hoteles y moteles. Claro que puedes registrarte a cualquier hora, pero no hay garantía de que la habitación esté disponible hasta la hora de registro.

La **front desk** (front desk; recepción) es generalmente un buen lugar para encontrar información local, incluidos mapas, propaganda de restaurantes e información sobre museos y otros puntos de interés. El personal de un hotel generalmente responde amablemente a tus preguntas y siempre está dispuesto a ofrecerte sugerencias. Son también las personas a las que debes acudir si descubres que necesitas algo, como toallas adicionales, secador de pelo, plancha, etc.

Es costumbre dar propina al personal de un hotel. De hecho, no dar propina se considera de mala educación (y grosero, además). Si el servicio es excepcionalmente bueno, puedes dar una **tip** (tip; propina) muy generosa. He aquí algunos consejos para que sepas a quién dar **tip** y cuánto aproximadamente.

✔ **porter/bellhop** (*por*-ter/*bel*-jop; botones): $1 por maleta

Palabras para recordar

front desk	front desk	recepción
a tip	ei tip	una propina
porter	por-ter	mozo o botones
bellhop	bel-jop	botones
luggage	lo-guech	equipaje
bags	bags	maletas o bolsas
suitcase	sut-keis	maleta o valija

✔ **valet attendant** (va-*le* a-*ten*-dent; camarero/a):
  $2-$5

✔ **housekeeper/maid** (*jaus*-ki-ip-er/meid; mozo o
  chica de servicio): $1-$2 por día

✔ **room service** (*ru*-um *ser*-vis; servicio de habitación): 15% de cortesía incluido; $1 a la persona
  que hace la entrega

La salida

En la mayoría de los hoteles y moteles, la hora de
check-out (chek aut; salida o desocupar la habitación) es las 11 de la mañana o al mediodía. Cuando
se registra la salida, hay que pagar la cuenta inclu-
yendo los servicios adicionales que se hayan usado.
Después de registrar tu salida, si no deseas salir de
la ciudad inmediatamente, puedes dejar tus maletas
en la recepción o en un cuarto especial de almacena-
miento durante el resto del día.

Capítulo 11

¡Auxilio!
En caso de emergencia

. . . .

En este capítulo

▶ Cómo obtener ayuda inmediata

▶ Cómo hacer frente a emergencias y peligros

▶ Cómo describir problemas de salud

. . . .

Probablemente estarás tentado de saltarte este capítulo porque lo más seguro es que no quieras pensar en la posibilidad de tener problemas durante el viaje. Pero "más vale prevenir que lamentar". Este capítulo te ofrece algunas frases y términos clave para que sepas lidiar con situaciones imprevistas tales como desastres naturales, accidentes y emergencias legales o de salud.

Si hay una emergencia

Lo más seguro es que no te sean desconocidas las pequeñas **emergencies** (i-*mer*-yen-sis; emergencias) de la vida, como sufrir un piquete, rasparse las rodillas o perder las llaves de casa o del coche. Pero las grandes emergencias, las situaciones **life-threatening** (laif *zret*-en-ing; de vida o muerte) y los **natural disasters** (*na*-chu-ral dis-*as*-ters; desastres naturales) son menos comunes, así que es útil aprender cierta terminología:

▌ ✔ **accident** (*ak*-si-dent; accidente)

✔ **earthquake** (*erz*-kueik; temblor o terremoto)

✔ **fire** (*fai*-ar; incendio)

✔ **flood** (flod; inundación)

✔ **hurricane** (*jur*-i-kein; huracán)

✔ **robbery** (*ro*-ber-i; robo)

✔ **tornado** (tor-*nei*-dou; tornado)

Cómo pedir auxilio y cómo avisar a otros

Cuando necesitas ayuda de inmediato, por lo general no hay tiempo para sacar el diccionario y es preciso recordar las palabras adecuadas. Así que memoriza las siguientes palabras y frases de emergencia y manténlas "a la mano" en tu mente:

✔ **Help!** (jelp; ¡socorro!)

✔ **Help me!** (jelp mi; ¡ayúdenme!)

✔ **Fire!** (*fai*-ar; ¡fuego!)

✔ **Call the police!** (col da po-*lis*; ¡llamen a la policía!)

✔ **Get an ambulance!** (guet an *am*-biu-lans; ¡llamen a una ambulancia!)

Si tienes que **warn** (uarn; advertir) a otros de un **danger** (*dein*-yer; peligro) inminente, no puedes dejar que se te trabe la lengua. Necesitas conocer algunas frases cortas que te puedan ayudar a dar la voz de alarma. Las siguientes expresiones pueden comunicar claramente tu mensaje:

✔ **Look out!** (lul aut; ¡cuidado!)

✔ **Watch out!** (uatch aut; ¡ten cuidado!)

✔ **Get back!** (guet bak; ¡aléjate! o ¡apártate!)

✔ **Run!** (ron; ¡corre!)

Palabras para recordar

emergency	i-mer-yen-ci	emergencia
to warn	tu uarn	advertir
to help	tu jelp	ayudar
to faint	tu feint	desmayarse
danger	dein-yer	peligro
injury	in-yur-i	herida o lesión

Cuando no tienes tiempo que perder y la rapidez es esencial, puedes agregar una de las siguientes palabras enfáticas para que la gente se dé prisa:

✔ **Quick!** (kuik; ¡rápido!)

✔ **Hurry!** (*ju*-ri; ¡dése/dense prisa!)

✔ **Faster!** (*fas*-ter; ¡más rápido!)

El 911

En Estados Unidos el número para llamar y pedir ayuda es el **911** (nain uon uon; nueve uno uno). Este número te conecta a un **dispatcher** (*dis*-patch-er; operador) que recibe tu información y la manda a la **police,** al **fire department** o a la **ambulance**. Si llamas al 911, el operador te preguntará el lugar de la emergencia, el número de teléfono desde el cual estás hablando y si hay heridos o lesionados.

Palabras para recordar

to report	tu ri-port	informar
911	nain-uon-uon	911 (número para emergencias)
Help!	jelp	¡Socorro! o ¡Auxilio!
police	po-lis	policía
fire department	fair di-part-ment	departamento de bomberos
ambulance	am-biu-lens	ambulancia

Una cita con el médico

Estar **sick** (sik; enfermo) o **injured** (*in*-yurd; lesionado) no es agradable. Buscar ayuda médica y **treatment** (*tri*-it-ment; atención o tratamiento médico) en un país extranjero puede ser confuso e intimidar. Si tu **condition** (con-*di*-chion; estado) no es grave, pídele a un amigo o a un colega, o al dependiente del hotel, que te recomiende un médico. Usa alguna de las siguientes frases:

✔ **Do you know a good doctor?** (du iu *no*-u ei gud *doc*-tor; ¿conoces a un buen médico?)

✔ **Can you recommend a doctor?** (can iu re-com-*mend* ei *doc*-tor; ¿me puedes recomendar un médico?)

Espero que nunca necesites atención médica de urgencia, pero si se diera el caso, estas frases son útiles:

✔ **I feel sick** (ai *fi*-al sik; me siento mal).

✔ **I'm injured** (aim *in*-yurd; estoy herido o lesionado).

✔ **I need a doctor** (ai *ni*-id ei *doc*-tor; necesito un médico).

✔ **Please call a doctor** (*pli*-is col ei *doc*-tor; por favor llame a un médico).

Tal vez tú te encuentres bien, pero otra persona esté enferma o herida. He aquí cómo preguntarle qué le pasa:

✔ **What's wrong?** (juats rong; ¿qué tienes?)

✔ **What's the matter?** (juats da *ma*-ter; ¿qué te pasa?)

✔ **What happened?** (juat *ja*-pend; ¿qué ha pasado?)

Palabras para recordar

doctor	doc-tor	doctor o médico
physician	fi-si-chion	médico
clinic	cli-nic	clínica
walk-in clinics	uak in cli-niks	clínicas donde no es necesario pedir cita previa
24-hour medical clinics	tuen-ti fo-ur aur me-di-cal cli-nics	clínicas de servicio las 24 horas
emergency room	i-mer-yen-si ru-um	urgencias
hospital	jos-pi-tal	hospital
injury	in-yu-ri	herida o lesión
sick	sik	enfermo

Cómo explicar dónde te duele

Cuando el doctor te pregunte **Where does it hurt?**
(juer dos it jert; ¿dónde te duele?) o **Where is the
pain?** (juer is da pein; ¿dónde tienes el dolor?),
debes conocer el nombre de la parte del cuerpo que
está afectada y saber pronunciarlo. Lee la siguiente
lista:

Head and face (jed and feis; cabeza y cara)

- ✔ **cheeks** (*chi*-iks; mejillas)
- ✔ **chin** (chin; mentón o barbilla)
- ✔ **ear** (*i*-ar; oreja)
- ✔ **eye** (ai; ojo)
- ✔ **forehead** (*for*-jed; frente)
- ✔ **lips** (lips; labios)
- ✔ **mouth** (mauz; boca)
- ✔ **nose** (*no*-us; nariz)
- ✔ **neck** (nek; cuello)

Torso (*tor*-so; torso o tronco)

- ✔ **back** (bak; espalda)
- ✔ **chest** (chest; pecho)
- ✔ **hip** (jip; cadera)
- ✔ **shoulders** (*chol*-ders; hombros)
- ✔ **stomach** (*stou*-mak; estómago, vientre o abdo-
  men)

Limbs (lims; extremidades)

- ✔ **arms** (arms; brazos)
- ✔ **elbow** (*el*-bou; codo)
- ✔ **hand** (jand; mano)
- ✔ **finger** (*fin*-guer; dedo)
- ✔ **knee** (*ni*-i; rodilla)
- ✔ **leg** (lek; pierna)

✔ **thigh** (zai; muslo)

✔ **foot** (fut; pie)

✔ **toe** (tou; dedo del pie)

Algunas personas dicen que la belleza es superficial, pero debajo de la piel se encuentra la belleza de las partes internas del cuerpo: la sangre, los huesos y los **organs** (*or*-gans; órganos).

✔ **insides** (in-*saids*; entrañas)

✔ **artery** (*ar*-ter-i; arteria)

✔ **blood** (blod; sangre)

✔ **bone** (boun; hueso)

✔ **heart** (jart; corazón)

✔ **intestine** (in-*tes*-tin; intestino)

✔ **kidney** (*kid*-ni; riñón)

✔ **liver** (*li*-ver; hígado)

✔ **lung** (long; pulmón)

✔ **muscle** (*mo*-sel; músculo)

✔ **vein** (vein; vena)

En inglés abundan los modismos relacionados con las diferentes partes del cuerpo; es decir, modismos que incluyen el nombre de alguna parte del cuerpo. Por ejemplo: **to *foot* the bill** (tu fut da bil; poner el pie en la cuenta) significa ser la persona que paga la cuenta por otro; y **to have a *heart*** (tu jav ei jart; tener un corazón) se usa para sugerir que alguien es compasivo. Otro modismo curioso, y que podría referirse al elevado costo de la atención médica, es **to cost an *arm* and a *leg*** (tu cost an arm and ei leg; costarte un brazo y una pierna).

El dolor: cómo describir los síntomas

De tu habilidad para describir tus **symptoms** (*sim*-toms; síntomas) depende que puedas ayudar a tu médico a llegar al **diagnosis** (dai-ak-*nou*-sis; diagnóstico) y **treatment** (*trit*-ment; tratamiento) correcto más rápidamente.

Estas palabras pueden ayudarte a decirle al médico qué te pasa:

- ✔ **broken bone** (*brou*-ken boun; hueso roto)
- ✔ **burn** (burn; quemadura)
- ✔ **cramp** (cramp; calambre o contracción muscular involuntaria)
- ✔ **cut** (cot; corte)
- ✔ **diarrhea** (dai-a-*ri*-a; diarrea)
- ✔ **dizzy** (*di*-si; mareado)
- ✔ **fever** (*fi*-ver; fiebre)
- ✔ **food poisoning** (fud *poi*-son-ing; intoxicación causada por un alimento)
- ✔ **nauseous** (*no*-chios; náusea)
- ✔ **scratch** (scratch; arañazo o raspón)
- ✔ **sore throat** (*so*-ar zroat; dolor de garganta)
- ✔ **sprain** (sprein; torcedura o esguince)
- ✔ **earache** (*i*-ar-eik; dolor de oído)
- ✔ **headache** (*jed*-eik; dolor de cabeza)
- ✔ **stomachache** (*sto*-mek-eik; dolor de estómago)

Pronuncia la **ch** (ci-eich) en **-ache** como la **k** (ka) y pronuncia la **a** (ei) con el sonido de **a** larga. En el capítulo 1 encontrarás más detalles sobre las vocales y su pronunciación.

Abre la boca: una visita al dentista

Usa las siguientes frases para decirle al dentista a qué se debe tu visita:

✔ **My teeth need cleaning** (mai tiz *ni*-id *cli*-in-ing; necesito una limpieza dental).

✔ **I have a toothache** (ai jav ei *tu*-uz-eik; me duele un diente o muela).

✔ **I have a cavity** (ai jav ei *ca*-vi-ti; tengo caries).

✔ **I broke a tooth** (ai *bro*-uk ei *tu*-uz; se me ha roto un diente).

✔ **I lost a filling** (ai lost ei *fil*-ling; se me ha caído una amalgama).

✔ **My crown came off** (mai craun keim *o*-of; se me ha salido una corona).

✔ **My dentures hurt my mouth** (mai *den*-churs jurt mai mauz; la dentadura postiza me molesta en la boca).

El dentista puede sugerir algunos de los siguientes tratamientos:

✔ **I'll have to pull this tooth** (ail jav tu *pu*-ul dis *tu*-uz; tendré que extraer este diente).

✔ **I can make you a bridge** (ai can meik iu ei brich; puedo hacerte un puente).

✔ **I can replace your filling** (ai can ri-*pleis* ior *fil*-ling; puedo volver a colocarte el empaste).

✔ **I can re-cement your crown** (ai can ri-si-*ment* ior craun; puedo pegar nuevamente tu corona).

✔ **I can adjust your dentures** (ai can a-*yost* ior *den*-churs; puedo ajustar tu dentadura postiza).

En caso de delito o crimen

Seguramente no querrás ni pensar en un **crime** (craim; delito o crimen) cuando estés disfrutando de tu viaje. Debes recordar, sin embargo, que la idea de un viaje puede darte un falso sentido de despreocupación y seguridad. Y, como extranjero, tal vez sea más difícil determinar qué situaciones son potencialmente **dangerous** (*dein*-yer-os; peligrosas).

Si necesitas exigir que alguien se aparte de ti o te deje en paz, hazlo con convicción y en voz alta. Puedes decir:

✔ **Go away!** (gou a-*uey;* ¡vete!)

✔ **Get away!** (guet a-*uey;* ¡aléjate!)

✔ **Stop!** (stop; ¡ya basta!)

Palabras para recordar

rights	raits	derechos
law	lau	ley
lawyer	lau-yer	abogado
attorney	a-tur-ni	abogado
crime	craim	delito o crimen
suspect	sos-pect	sospechoso
Stop!	stop	¡Basta! o ¡Alto!

Capítulo 12

Diez errores que debes evitar al hablar inglés

* * * * * * * * * *

En este capítulo

▶ No metas la pata

▶ Cómo prevenir quedar en ridículo

▶ Algunos errores gramaticales

* * * * * * * * * *

A veces el más pequeño error puede causar una equivocación monumental y, con suerte, esperemos que al menos sea divertida. Muchas veces una frase inofensiva pero ligeramente incorrecta puede dar paso a una situación embarazosa o a una frase de doble sentido. Pero el mundo no se acaba si cometes este error. Lo único que debes hacer es decir: **Oops! What did I say wrong?** (*u*-ups uat did ai sei rong; ¡ay! ¿Qué he dicho mal?) Con un poco de suerte, alguien te dirá cuál es el error y te reirás de las trampas del lenguaje. Este capítulo incluye algunos de los errores más comunes para que los evites al hablar en inglés.

¿A qué vas al gimnasio?

El marido de una de mis amigas es extranjero y un día le dijo que se iba al gimnasio a **make out** (meik aut), lo cual significa en inglés besarse apasionadamente durante mucho tiempo (y tal vez algo más); mi amiga estaba más intrigada que celosa, y le preguntó: "¿Ah, sí? ¿Y con quién planeas hacerlo?" "Ah", contestó él tranquilamente, "pues con mis amigos". Mi amiga, ya acostumbrada a sus ocasionales torpezas lingüísticas, supuso (o más bien confió) que él quiso decir **work out** (uerk aut; hacer ejercicio). De modo que si quieres **work out**, ve a un gimnasio. Si lo que quieres es **make out**, bueno, ¡probablemente busques un lugar más privado!

Tu mujer es muy fea

Un visitante extranjero, al agradecer a sus anfitriones una cena deliciosa en su casa, le dijo al anfitrión: **Your wife is very homely** (ior uaif is *ve*-ri *jo*-um-li; tu esposa es muy fea). Bueno, puede que sea verdad que su esposa fuera **homely**, pero decírselo es una falta de respeto (y también un riesgo). ¿Por qué? ¡Porque **homely** significa de apariencia aburrida o desagradable!

El visitante quiso decir **homey** (*jo*-um-i; hogareña), lo cual significa placentero, cálido y acogedor. Así que decirle a alguien que es **homey** tampoco es correcto. Una casa puede ser **homey** pero no una persona. Una persona puede ser un buen **homemaker** (*jo*-um-mei-ker; ama de casa o que conserva un hogar agradable). Si evitas este error, ¡te invitarán a cenar otra vez y probablemente también te salvarás de un posible puñetazo en la nariz!

¡Apestas!

Usar los verbos que tienen que ver con los cinco sentidos puede parecerte muy sencillo, pero ten cuidado. Es correcto decir **I see** (ai *si*-i; ya veo, y no yo veo) cuando has entendido algo, o **I heard** (ai jerd; ya lo he oído) cuando una noticia no es novedad para ti. Pero si dices **I smell** (ai smel; yo apesto), ¡tal vez te sugieran que te dés un baño! **I smell** quiere decir "Desprendo un fuerte olor corporal" o "¡Yo apesto!" Y si te gusta el perfume de alguien y dices **you smell** (iu smel; apestas), ¡arruinarás la velada!

Es mucho mejor decir **I smell something good** (ai smel *som*-zing gud; huelo algo agradable) o **Something smells bad** (*som*-zing smels bad; algo huele mal). Si te gusta el **smell** del perfume o colonia de alguien, di: **You smell nice** (iu smel nais; qué bien hueles). Un consejo más: No digas **I smell bad** (ai smel bad; yo huelo mal) cuando no puedas respirar bien debido a un resfriado. **I smell bad** significa "Yo apesto". Sólo di: **I can't breathe well** (ai cant briz uel; no puedo respirar bien). Por supuesto, si estás sudando por haber hecho ejercicio en el gimnasio, puedes decir **I smell**, ¡porque a lo mejor es la pura verdad!

Mi madre cocinó a mis amigos para la cena

¿Tus amigos evitan venir a tu casa? Tal vez el error está en la forma en que los invitas. He escuchado a mis estudiantes decir: **My mom will cook us** (mai mom uil cuk os; mi madre nos va a cocinar); también he oído decir: **She likes to cook my friends for dinner** (chi laiks tu cuk mai frends for *din*-ner; a ella le gusta cocinar a mis amigos para la cena). ¿De veras? Y por casualidad, ¿también te come a ti? Se puede cocinar pollo o una comida, ¡pero nunca a los hijos o a los amigos!

Lo que en realidad quieren decir mis estudiantes es **My mom will cook *for* us** (mai mom uil cuk for os; mi madre va a cocinar algo para nosotros) y **She likes to cook *dinner* for my friends** (chi laiks tu cuk *din*-ner for mai frends; a ella le gusta cocinar la cena para mis amigos). Usa siempre la preposición for (for; para) entre la palabra **cook** y la persona que va a comer lo que se cocina. El sustantivo que sigue después de **cook** (la cena, un bistec, etc.) es lo que se cocina y se come. Así que invita a tus amigos a cenar en tu casa, ¡pero no te los comas!

Amigos y amantes

Una tímida estudiante coreana me presentó a su amigo, diciendo: **This is my lover** (dis is mai *lo*-ver; él es mi amante). ¿Cómo respondes cuando alguien te presenta a la persona con quien tiene relaciones sexuales? En inglés, **lover** (*lo*-ver; amante) significa pareja sexual. A lo mejor estaba diciendo la verdad, pero generalmente eso no se divulga.

Ella debió haber dicho **This is my boyfriend** (dis is mai *boi*-frend; te presento a mi novio). Las palabras **boyfriend** (*boi*-frend; novio), **girlfriend** (*guirl*-frend; novia), **sweetheart** (*suit*-jart; enamorado/a) y **fiancé** (fi-an-*ce;* prometido) pueden describir a tu pareja o a un amigo íntimo, pero **lover** es algo muy personal. Muchos diccionarios bilingües muestran la palabra **lover** como la traducción de novio o novia, pero no aclaran que **lover** implica que existe una relación sexual. Usa esa palabra sólo si de verdad quieres dar a entender que existe una relación íntima.

Por otro lado, si escuchas a alguien decir **I'm a nature lover** (aim ei *nei*-chur *lo*-ver; soy amante de la naturaleza) o **I'm an animal lover** (aim an *a*-ni-mal *lo*-ver; soy amante de los animales), no te preocupes: significa que la persona se interesa mucho por la naturaleza o por los animales.

Me "he mojado" los pantalones

Durante una junta, a un hombre de negocios extranjero se le derramó un refresco en los pantalones. Con el fin de limpiarse se levantó, diciendo: **Excuse me, I wet my pants** (eks-*kius* mi ai uet mai pants; disculpen, acabo de orinarme en los pantalones). ¿Qué? Todos se volvieron, incrédulos. ¡Qué vergüenza! ¡Tal vez tenía problemas renales y necesitaba un pañal! Bueno, tú ya me entiendes. La expresión **I wet my pants** significa "Me he orinado en los pantalones". Si dices algo así, ¡te mirarán de forma humillante!

El hombre debió haber dicho **I got my pants wet with soda** (ai got mai pants uet wiz *so*-da; me ha caído un refresco en los pantalones) o **I spilled soda on my pants** (ai spild *so*-da on mai pants; se me ha derramado el refresco en los pantalones). De manera similar, debes evitar decir **I soiled my pants** (ai soild mai pants; me he ensuciado los pantalones); mejor di: **I got dirt on my pants** (ai got durt on mai pants; tengo suciedad en los pantalones) o **I got my pants dirty** (ai got mai pants *dur*-ti; he ensuciado mis pantalones).

¿Qué has dejado en casa?

Es increíble la cantidad de errores que se producen cuando la gente utiliza las palabras de forma incorrecta. Por ejemplo, estando en clase una vez, un estudiante explicaba por qué le gustaba ser el propietario de su apartamento, y dijo: **Because I can leave my privates there** (bi-*cos* ai can *li*-iv mai *prai*-vets der; porque ahí puedo dejar mis partes privadas). ¿Sus **privates**? ¡Increíble! Yo no sabía que fuera posible dejar las partes privadas en casa y, en tal caso, ¡los compañeros no tienen por qué enterarse! Por supuesto, el estudiante no tenía ni idea de lo que en realidad estaba diciendo. **Privates** es una palabra antigua que se refiere a las partes íntimas de la persona.

Lo que él debió haber dicho fue **I can leave my private possessions** (mai *prai*-vet po-se-chions; puedo dejar mis pertenencias) o **my personal things** (mai *per*-so-nal zings; mis cosas o artículos personales). Es muy conveniente tener un lugar seguro donde dejar las pertenencias, ¿no crees?

¡Qué vulgar!

Tal vez te interese aprender **swear words** (suer uerds; groserías o insultos) en otro idiomas. ¡Pero cuidado! Saber cuándo y dónde usarlas es difícil.

El lenguaje callejero y la letra de algunas canciones suelen estar salpicados de **dirty words** (*dur*-ti uerds; palabrotas); sin embargo, ese tipo de vocabulario no se acostumbra a emplear en otros ambientes o situaciones. Incluso palabras menos ofensivas como **hell** (jel; demonios) y **damn** (dam; maldición) pueden ofender a algunas personas y hacerte quedar como alguien vulgar. Debes vivir en un país cierto tiempo para entender cuándo es "apropiado" este tipo de lenguaje.

¡Amo a tu esposo!

I love *your* husband, dijo mi estudiante. ¿Qué? You love *my* husband? ¡Ay! **I mean, I love my own husband**, dijo ella, corrigiendo así un error muy común.

He aquí otro error que escucho con frecuencia: **I will go to my country to visit *your* parents**. ¿Cómo? *My* **parents**? Pero si mis padres viven aquí, en Estados Unidos.

El problema aquí es el incorrecto uso del adjetivo posesivo **your** (ior; tus), que sirve para identificar las cosas que pertenecen a la persona con quien conversas. Pero **your** no es una palabra "talla única", es decir que la puedes usar en cualquier ocasión. No debes emplearla al hablar de cosas que te pertenecen o que pertenecen a una tercera persona (él, ella o esto).

No digas nunca dobles negaciones

El uso de *dobles negaciones* (dos negativos en la misma frase) es correcto en algunos idiomas y en ciertas formas vernáculas del inglés. Pero en el inglés estándar, las dobles negaciones son a menudo incorrectas porque, como en las matemáticas, dos negativos dan un positivo. Por ejemplo, si vuelves de la tienda con las manos vacías, no digas **I *didn't*** buy *nothing* (ai *did*-int bai *no*-zing; no he comprado nada). En inglés eso significa "He comprado algo", ¡lo cual es opuesto a lo que intentas decir! Dos maneras de decirlo correctamente son I **didn't buy** *anything* (ai *did*-int bai *e*-ni-zing; yo no he comprado "algo") o I *bought* **nothing** (ai bot no-zing; "Nada he comprado").

Algunas veces dos negativos pueden funcionar en una oración si uno de ellos es un prefijo negativo. Por ejemplo, **I'm not unhappy**, lo cual implica **I'm happy**... o al menos, contento. En este caso los dos negativos forman una idea positiva o neutral, lo cual es correcto porque es exactamente lo que quieres expresar.

Capítulo 13

Diez palabras que se confunden fácilmente

- - - - - - - - - -

En este capítulo

▶ Reglas fáciles para escoger la palabra correcta

▶ El sentido de los sentidos

▶ Distinción del sonido y del significado

- - - - - - - - - -

*E*l inglés tiene posiblemente dos millones de palabras, así que no te sientas mal si confundes algunas de las que hay para escoger. Este capítulo te proporciona consejos y reglas sencillas para evitar errores.

Coming y going

¿No estás seguro si **coming** (*com*-ing; vienes) o **going** (*gou*-ing; vas)? Las palabras **come** (com; venir) y **go** (gou; ir) representan problemas interminables para la gente, pero no son un problema si se observan las siguientes reglas:

Usa **go** para referirte al lugar en el que no estás ahora. Por ejemplo: si vives en Estados Unidos, tal vez tengas la siguiente conversación:

✔ **When will you *go* back to your country?** (juen uil iu gou bak tu ior *con*-tri; ¿cuándo volverás a tu país?)

✔ **I plan to *go* back next month** (ai plan tu gou bak nekst monz; pienso volver el próximo mes).

Usa **come** para referirte al lugar en el que estás ahora. Por ejemplo, tal vez tengas la siguiente conversación mientras estás en Estados Unidos:

✔ **Why did you *come* to the United States?** (juai did iu com tu da iu-*nai*-ted steits; ¿por qué has venido a Estados Unidos?)

✔ **I *came* here for a vacation** (ai caim *ji*-ar for ei vei-*cai*-chion; he venido de vacaciones).

Cuando menos te lo esperes estarás **coming** y **going** con facilidad. Por ahora, aquí tienes dos órdenes muy comunes que te ayudarán a recordar por dónde ir: **Come here!** (com *ji*-ar; ¡ven aquí!) y **Go away!** (gou a-*uey*; ¡vete!)

Borrowing y lending

¿Necesitas un **loan** (loun; préstamo)? ¿O tu amigo te ha pedido uno? Si es así, debes conocer la diferencia entre los verbos **borrow** (*bo*-rou; pedir algo prestado) y **lend** (lend; dar algo prestado). La siguiente escena te ayudará a entender quién recibe el dinero.

Jason tiene $100. Su amigo Sam quiere pedírselos **borrow**. Él espera que Jason le pueda **lend** el dinero, que él piensa pagarle después. Sam puede pedir el préstamo usando **borrow** o **lend,** dependiendo de la estructura de su pregunta. Observa que cuando Sam está hablando, él dice **I borrow** y **you lend**. En otras palabras, Sam está **borrowing** (*bo*-rou-ing; recibiendo el préstamo) y Jason está **lending** (*lend*-ing; dando el préstamo). Sam dice esto:

✔ **Hey, Jason, can *I borrow* $50?** (jei *yei*-son can ai *bo*-rou *fif*-ti *do*-lars; ¿oye Jason, "puedo tomarte prestados" $50?)

✔ **Hey, Jason, can *you lend* me $50?** (jei *yei*-son can iu lend mi *fif*-ti *do*-lars; ¿oye Jason, me puedes dejar $50?)

Jason también puede responder usando las palabras **borrow** o **lend**. Pero cuando Jason —el **lender** (*lend-*

er; prestamista)— está hablando, dice **you borrow** y **I lend**. He aquí lo que dice Jason:

✔ **Sure, *you can borrow* $50** (chur iu can *bo*-rou *fif*-ti *do*-lars; claro, puedes tomarme prestados $50).

✔ **Sorry, I can't, but *I'll lend* you $25** (*so*-ri ai cant bot ail lend iu *tuen*-ti faiv *do*-lars; lo siento, no puedo; pero te presto $25).

Such y so

Las palabras **such** (soch; tal) y **so** (sou; tan) tienen básicamente el mismo significado que la palabra **very** (*ve*-ri; muy), pero no se pueden usar tan libremente como **very**; he aquí la confusión. El error más común que comete la gente es usar **so** cuando debe decir **such**.

Ésta es la regla: usa **such** antes del sustantivo y generalmente en combinaciones de adjetivo/sustantivo, y usa **so** sólo con los adjetivos y adverbios. ¿Fácil, verdad? Los siguientes ejemplos muestran el uso de **such** y **so**:

✔ **This is *such* an easy lesson** (dis is soch an *i*-is-i *les*-son; es una lección tan fácil).

✔ **This is *so* easy** (dis is sou *i*-is-i; esto es tan fácil).

✔ **You speak *such* good English** (iu *spi*-ik soch gud *ing*-lich; tú hablas un inglés muy bueno).

✔ **You speak English *so* well** (iu *spi*-ik *ing*-lich sou uel; tú hablas inglés tan bien).

Like y alike

Las palabras **like** (laik; como) y **alike** (a-*laik;* parecido) tienen un significado tan similar que pueden confundirte hasta que descubras algunas sencillas reglas. Observa en las siguientes oraciones la diferencia entre **like** y **alike**:

✔ I am *like* my sister (ai am laik mai *sis*-ter; yo soy como mi hermana).

✔ My sister and I are *alike* (mai *sis*-ter and ai ar a-*laik*; mi hermana y yo nos parecemos).

Like significa *similar a* o *igual que* y normalmente se encuentra entre las dos cosas o personas que se están comparando (en otras palabras, después de **like** va un complemento). **Alike** significa *similar* o *igual*, y normalmente se encuentra después de las dos cosas o personas que están siendo comparadas, a menudo al final de la oración. A la palabra **alike** no le sigue un complemento.

Para crear oraciones negativas, agrega la palabra **not** (not; no) antes de **like** o **alike**:

✔ Fish are *not* like zebras (fich ar not laik *si*-bras; los peces no son como las cebras).

✔ Fish and zebras are *not* alike (fich and *si*-bras are not a-*laik*; los peces y las cebras no se parecen en nada).

Hearing y listening

Acuérdate de la última vez que te tocó escuchar un aburrido discurso. Pudiste **hear** (*ji*-ar; oír) hablar al presentador, pero al final no te acordabas de lo que había dicho porque tú estabas **listening** (*li*-sen-ing; escuchando). El oído está diseñado para **hearing** (*ji*-ar-ing; oír). Si tu **hearing** es normal, entonces tú **hear** las cosas automáticamente. Pero **listening** requiere un esfuerzo consciente para oír o prestar atención. Cuando "ignoras" a un interlocutor aburrido, tu oído todavía está funcionando, pero tú no estás **listening.**

Si alguien te habla en voz baja o si la conexión telefónica es muy mala, entonces tú dirías I can't *hear* you. Please speak louder (ai cant *ji*-ar iu *pli*-is spi-ik *lau*-der; no te puedo oír. Por favor habla más alto). Si alguien está hablando contigo pero tu mente está en otro lado, tú dirías **I'm sorry. What did you say? I wasn't *listening*** (aim *so*-ri juat did iu sei ai *gua*-sent *li*-se-ning; discúlpame ¿Qué has dicho? No estaba escuchando).

Seeing, looking at y watching

Al igual que oír, **seeing** (*si*-ing; ver) es una función natural del cuerpo; para eso fueron diseñados tus ojos. A pesar de que no tengas una **vision** (*vi*-chion; visión) perfecta, puedes ver con claridad con el uso de gafas o lentes de contacto.

Cuando alguien dice **Look at that!** (*luk* at dat; ¡mira eso!), esa persona quiere que mires (o prestes tu atención) algo. **Look at** (luk at; mira) significa echar un vistazo o centrarse en algo. Tú puedes **look at** una revista, la pantalla de una computadora o a alguien que está sentado al otro lado de la mesa.

Looking (*luk*-ing; mirar) se convierte en **watching** (*uat*-ching; observar) cuando se mira detenidamente algo que tiene la posibilidad de moverse o cambiar por sí solo. Tú puedes **watch** una película, un partido de beisbol o a tus hijos mientras juegan. Tú no puedes **watch** una revista (a menos que esperes que se ponga a andar). Pero sí se pueden **watch** los precios de las inversiones en la bolsa de valores: ¡cambian continuamente!

Feeling y touching

Tal como oír y ver, **feeling** (*fi*-il-ing; sentir) es una función natural del cuerpo. **Touching** (*toch*-ing; tocar), por otro lado, es lo que uno decide hacer cuando quiere **feel** (*fi*-il; sentir) algo. Si tú **touch** (toch; tocas) una llama, se **feels** caliente. Si tú **touch** hielo, se **feels** frío. **Touch** es una acción voluntaria, a menos que accidentalmente tú **touch** algo, como una plancha caliente. Cuando los padres salen de compras con sus hijos, pueden decirles **Don't touch**

anything (dount toch *e*-ni-zing; no toquen nada).
Pero no deben decirles **Don't feel anything** (dount
fi-il *e*-ni-zing; no sientan nada), ya que **feeling** es
involuntario. Sólo una persona que ha perdido el
tacto en una parte del cuerpo puede **touch** algo —o
ser **touched**— y no **feel** algo.

Lying y laying:
la verdad sobre las gallinas

Cuando hayas entendido en qué momentos usar **lie**
(lai; asumir una posición de descanso) o **lay** (lei;
quedarse inmóvil), **lying** (*lai*-ing; recostarse) o **laying**
(*lei*-ing; permanecer inmóvil), puede que quieras **lie
down** (lai daun; echarte) a dormir. ¡Pero no **lay an egg**
(lei an eg; pongas un huevo)!

Yo te puedo ayudar a diferenciar entre **lying** y **laying**,
y ¡eso es **no lie** (nou lai; no es una mentira)!

El verbo **lie** significa:

> ✔ Colocarse en posición reclinada, como en **Lie
> down and go to sleep** (lai daun and gou tu *sli*-ip;
> acuéstate y vete a dormir).

El verbo **lay** significa:

> ✔ Colocar algo sobre una superficie, como en **Lay
> the book on the table** (lei da buk on da *tei*-bul;
> coloca el libro sobre la mesa).

> ✔ Poner o depositar un huevo, como en **Hens *lay*
> eggs** (jens lei egs; las gallinas *ponen* huevos).

Incluso las personas de habla inglesa se desesperan
con eso de **lie/lay**, así que no te preocupes demasiado!

¿Tuesday o Thursday?

Tuesday (*tus*-dei; martes) o **Thursday** (*zurs*-dei; jueves): ¿cuál es cuál? El sonido de estas dos palabras puede parecerte muy similar al escucharlas y al pronunciarlas, pero en realidad su pronunciación es bien diferente y, por supuesto, tienen diferente significado.

Si **Monday** (*mon*-dei; lunes) es el primer día de la semana, el segundo día —o **day two** (dei tu; día número dos)— es **Tuesday**. Pronuncia **Tuesday** como el número **two** y luego agrega **zz-day** (ss-dei). Di **two-z-day** (*tus*-dei). Asegúrate de que la **s** de **Tuesday** suene como una **z** (**z** como un zumbido) —es un **voiced sound** (voist saund; sonido sonoro). En el capítulo 1 encontrarás más información y ejercicios acerca de los **voiced sounds.**

Thursday comienza con el sonido **th** (z), no con el sonido de la **t**, como en **Tuesday**. (Consulta en el capítulo 1 cómo producir claramente el sonido **th**.) Si puedes decir **thirty** (*zur*-ti; treinta) o **thirteen** (*zur*-ti-in; trece), entonces puedes decir **Thursday**. No te olvides de la terminación **zz-day** (ss-dei) —igual a la terminación de **Tuesday**. Asegúrate de que la **s** sea **voiced** y pronunciada como la **z**. De lo contrario, dirás la palabra **thirsty** (*zurs*-ti; sediento) ¡y alguien te ofrecerá un vaso de agua!

Too y very

Algunas personas dicen **You can never have too much time or too much money** (iu can *ne*-ver jav *tu*-u moch taim or *tu*-u moch *mo*-ni; nunca se tiene demasiado dinero ni demasiado tiempo). Esto probablemente sea cierto, pero la palabra **too** (*tu*-u; demasiado) generalmente implica un exceso o un problema indeseable. Por ejemplo, tal vez no te sientas muy bien si tú **eat too much** (i-it *tu*-u moch; comes demasiado). Además, la gente se queja cuando el clima es **too hot** (*tu*-u jot; demasiado caluroso) o **too cold** (*tu*-u could; demasiado frío).

Por otro lado, la palabra **very** (*ve*-ri; muy) —queriendo decir extremadamente o **really** (*ri*-i-li; realmente)— no implica automáticamente un problema. Por ejemplo, si dices **It's *very* hot today** (its *ve*-ri jot tu-*dei;* hace mucho calor hoy), no significa necesariamente que estés incómodo; a lo mejor te gusta el clima cálido.

Si tú estás **very happy** (*ve*-ri *ja*-pi; muy feliz) pero por error dices **I'm too happy** (aim *tu*-u *ja*-pi; estoy demasiado contento), la gente podría preguntarte: "¿Qué tiene de malo ser muy feliz?" Recuerda, la palabra **too** implica una situación indeseable o incómoda. Puedes comparar **too** y **very** en las siguientes oraciones:

✔ **This car is *too* expensive; I can't afford it** (dis car is *tu*-u eks-*pen*-siv ai cant a-*ford* it; este coche es demasiado caro; no puedo permitírmelo).

✔ **This car is *very* expensive, but I can buy it** (dis car is *ve*-ri eks-*pen*-siv bot ai can bai it; este coche es muy caro, pero puedo permitírmelo).

Índice

● ● ● ● ● ● ● ● ● ● ● ● ● ● ● ● ● ● ●

MAR 0 5 2014